I0643754

S Johannes-Evangeelium

TVZ

S Johannes-Evangeelium Züritüütsch

Us em Griechische überträit vom
Josua Boesch

TVZ
Theologischer Verlag Zürich

Der Theologische Verlag Zürich wird vom Bundesamt für Kultur für die Jahre 2021–2024 unterstützt.

Bibliografische Informationen der Deutschen Nationalbibliothek

Die Deutsche Nationalbibliothek verzeichnet diese Publikation in der Deutschen Nationalbibliografie; detaillierte bibliografische Daten sind im Internet über http://dnb.dnb.de abrufbar.

Umschlaggestaltung
Mario Moths, Marl
Unter Verwendung einer Johannes-Ikone von Josua Boesch

Druck
CPI books GmbH, Leck

ISBN 978-3-290-18480-3 (Print)
ISBN 978-3-290-18481-0 (E-Book)

Die erste Ausgabe von «S Johanes-Evangeelium. Züritüütsch» erschien 1986 im Jordanverlag, Zürich.

Mitgläse und mitgschaffet a dèm täggscht händ
d Katharina Schuppli,
de Hans und d Ursula Wartmann,
de Jürg und d Erika Kielholz.
Inen allne säg i a dère stell vo hèèrze tanke.

Josua Boesch

Zum Titelbild

Johannes-Ikone von Josua Boesch

«Immer wieder
wird ein *Johannes* geboren.
So gnädig ist Gott.
Ein Skorpion wird zum Adler
mit Augen, die weiter sehen
als irgend ein Vogel.
Alles fällt aus der Fassung
zurück in die Schatten
vor lauter Licht.»

Die Abbildung der Ikone, die Josua Boesch am 24. Dezember 1984 fertigstellte, dieser Text und ein Kommentar dazu sind zu finden in: Josua Boesch, arte contemplativa, Heilkraft aus dem Schauen (Neuauflage Zürich 2022)

Inhalt

Zum vooruus

Es fallt äim grad uuf, s Johannes-evangeelium isch ganz andersch weder daas vom Markus, daas vom Mattäus und daas vom Lukas. De Johannes wott nöd nu verzele, èr wott dehinder choo, was daas ales, wo mit Jesus passiert isch, sell bedüüte. Er meditiert. Er wott de sinn devoo finde. I daas sueche und finde nimmt er jede mit, wo list und loset, was er säit und wiitergit. Me säit nöd umesuscht, de Johannes heb das büechli eerscht i sim hööchen alter gschribe. Me mèrkt s, es straalet e groossi riiffi und tüüffi uus.

Wie söll men also mit dèm büechli umgaa? Iich finde, es seg es büechli zum läse, zum schaffe demit, und zum bätte.

Es büechli zum läse

Es würkt scho i siner uufmachig rueig. Es kapitel hät mäischtens nu äi überschrift. Äini wo tüpisch isch für de Johannes, und wo s theemaa aagit und äim scho d spuur zäiget, wo s duregaat. Die titel sind fascht ali oorts- oder ziit-aagabe, wo für de Johannes symboolischi bedüütig händ. De Johannes isch eben äine, wo i bildere und symbool tänkt. Drum redt Jesus bin imm nöd nu i bildere, èr stellt s au grad no daar mit dèm, won er tuet. S ganz läbe vo Jesus isch für de Johannes es

gliichnis. Ich ha drum au gaar käi aamèrkige gmacht, das mer rueiger cha läse und sälber chan underschtriiche, wo s äim wichtig schiint. Wo men öppis nöd verschtande hät, cha men imer no in eren andere bible go naaschlaa. Und wèr am aafang echli müe hät zum läse, cha bim Viktor Schobinger sim «Prediger Salomo» (siite 87) e paar ganz fäini tipp zum züritüütsch-läse finde.
Wä me s woort «Herr» mit äinere uusnaam nie aatrifft, so hät das sin psundere grund. Ich has em Martin Buber naagmacht, won ali «Herr» mit «D U» übersetzt, oder mit «E R» oder «I N N», je nach de form vo de persoon. Me mèrkt s glii sälber, wie guet daas i öisi mundart passt, nöd nu will mer demokratischer sind, vill mee wil mer öis soo nöòcher füüled, ooni das mer de reschpäkt verlüüred vor Gott oder vor Jesus. Mit em woort «Herrgott» isch glaub i es unglück passiert in öisere mundart. Me gseet s daa draa, das me demit flueche chan. Ich ha s drum nöd verwändet. Au s «de» vor em name Jesus und em name Gott han i ewègg glaa, us emen èènliche grund.

Es büechli zum schaffe

Wèr voorlist, dihäi, i de schuel oder im e gottesdienscht, dè töörf d müe nöd schüüche, de täggscht a sini äigeti mundaart aazpasse. Voorläsen isch e groossi, aber au e schööni kunscht. Mängen entdeckt eerscht bi dèren aarbet, wie schöön dass sini mueter-spraach isch. Ich sälber ha probiert bi dèren überträgig, de weentalerdialäkt nöd z fescht la fürechoo, zum d aarbet nöd no schwiriger z mache. Bi käim evangelischt hät s eso vill liturgischi stuck wie bim Johannes. Die sind esoo dicht, das es gaar nöd andersch cha sii, als dass si au i der mundart zun eere «dichtig» wèèrded. Me mèrkt das vo sälber, wo d proosa uufhört und wo s poetisch wiird. D spraach nimmt en ganz andere rytmus aa. Aber esoo wèrded di suscht so hooch-teologische sätz uf äimal ganz flüssig und liecht, nöd nu zum läse, au zum verschtaa. Und me fangt die sätz aa meditiere.

Es büechli zum bätte

Daas isch grad s psunderi vom Johannes, er bringt äim zum meditieren und zum bätte, fascht ooni das me s mèrkt. Miir sind hüt vill hellhööriger woorde uf symbool. Das woort chunnt us em griechische und mäint «zämeträffe». Öppis verboorges trifft zäme mit öppisem, wo me gseet, und zwar esoo, das es zäme-stimmt. Wänn daas, wo Gott tänkt, zämetrifft mit dèm, won en mäntsch tänkt, dänn stimmt uf äimaal soo viles, das me de iidruck hät, me erläbi e stèèrn-stund. Es isch dänn hell bis z innerscht. Me isch wie «erlüüchtet». Und dänn cha me nüme träne zwüschet meditieren und bätte. Dänn läit me das büechli uf d siite und isch nu no daa, und me vergisst d ziit. Aber dänn isch me deet, won äim de Johannes hät wele hiibringe: an nöiaafang. Hè ja, Gott wot mit jedem nomal nöi aafange. Wüürkli, ganz nöi.

Am aafang

1 [1]Am aafang isch imer es woort,
und daas woort chunnt vo Gott
und isch doch Gott sälber.
[2]Woort sind am aafang imer bi Gott.
[3]Ales wiird mit eme woort,
und ooni es woort git s nüüt, wo s git.
[4]Im woort isch s läbe,
und daas läben isch s liecht für d mäntsche.
[5]Und daas liecht schiint in hinderschten egge,
und e käi tünkli chas mee vertriibe.

[6]Es hät äine ggèè, wo Gott gschickt hät. Johannes hät
er ghäisse. [7]Dèè isch als züüge vo dèm liecht uufträtte,
das ali wägen imm a das liecht chönid glaube. [8]Nöd
èèr isch das liecht gsii, nu de züüge vo dèm liecht, mee
nööd. [9]S waar liecht, wo jede mäntsch erlüüchtet, isch
dänn scho no i d wält choo. [10]Daa i dère wält isch es
gsii – d wält isch ja dur das liecht woorde – und doch hät
si s nöd gmèrkt, das es daa isch. [11]I sis äigetum isch es
choo, und di äigete lüüt händ s nöd iegglaa. [12]Aber die,
wo s iegglaa händ, und wo vo sinere helli und wèèrmi
gläbt händ, die händ s rächt überchoo, chind vo Gott z
wèèrde. [13]Käi bluetsverwandtschaft, käis plangen und
käis zwänge chönnt si daadezue mache. Daas cha nu
Gott sälber. Eèr isch ire vatter.

14 Und daas woort,
won i jedem aafang isch
und jede mäntsch erlüüchtet,
hät gstalt aaggnoo daa under öis,
fläisch und bluet wie miir.
Under öis hät Er gläbt.
Miir händ En gsee.
Herrlich isch Er gsii zum aaluege,
äimaalig schöön, abgschnitte de Vatter,
soo schöön, wie mer s öis nie hetted la tröime,
soo ächt und esoo waar, wie nu Gott sälber cha sii.

15 De Johannes isch siin züüge gsii. Und er hät s graad
use gsäit: «Dèè isch es, won i von em gsäit ha: dèè wo
nach miir chunnt, hät scho lang vor miir gläbt. Eèr
isch zeerscht daa gsii.» 16 Äigetli hä mer ales, wo mer
händ, us Siim überfluss überchoo wien es unverdients
gschänk. 17 S gsetz isch is dur de Moses ggèè woorde,
d zuenäigig vo Gott und siini waret sind i dèm Jesus
zuen is choo. Eèr isch de Chrischtus. 18 No gaar nie hät
öpper Gott gsee, nu èèr als äinzige Soon, won imer i
der nööchi vom Vatter isch, chan is würkli von em ver-
zele.

19 Esoo isch de Johannes züüge gsii, wo di obere vo de
Jude z Jerusalem prieschter und levite zuen em use-
gschickt händ, zum en frööge, wèèr èèr dänn seg:
20 Offen und eerlich hät er gsäit: «Iich bi nöd de Chrisch-
tus». 21 Do händ s en gfrööget: «Jää, wèèr dänn? Bisch
öppe der Elia?» «Ich bin en nööd», säit er. «Oder bisch
dänn öppe de Profeet, wo mer erwaarted?» «Au dèè bin

i nööd», git de Johannes zur antwort. 22 Do händ s gsäit:
«Aber wèr bisch dänn? Mer müend doch dène, won is
gschickt händ, uuskumpft gèè. Waas haltisch dänn duu
sälber vo der?» 23 Do hät er gsäit: «Iich bi d stimm vo
äim, won i de wüeschti rüeft, wie de Jesaja: Mached en
graade wääg für I N N !» 24 Di säbe lüüt sind nämli vo de
pharisèer gschickt gsii, 25 drum händ s nöd lugg gglaa
mit frööge und zuen em gsäit: «Werum taufsch dänn,
wänn d nöd de Chrischtus bisch und nöd der Elia und au
nöd de Profeet?» 26 Do git ene de Johannes zur antwort
und säit: «Iich tauffe nu mit wasser, aber zmittst under
öi staat scho dèè, won iir jetzt nonig käned, 27 und iich
bi nöd emaal guet gnueg zum imm d sandaale-rieme
loos-binde. Eèr taufft öi dänn mit em Häilige Gäischt
und mit em Füür.» 28 Daas isch z Betanie passiert, änet
em Jordan, wo de Johannes ttaufft hät.

29 Am taag druuf gseet de Johannes Jesus uf en zuechoo
und säit: «Lueged daa, dèè isch es jetz, wo sich Gott z
lieb uufopferet und schimpf und schand vo dère wält
devoo träit. 30 Vo dèm han i gsäit: Nach miir chunnt
äine, wo scho lang vor miir gläbt hät und zeerscht daa
gsii isch. 31 Au iich han en nöd gkännt, aber drum bin i
choo, und drum han i ttaufft, das en s ganz volch Israel
chönn käne leere.» 32 Und de Johannes hät au daas nöd
verschwige und gsäit: «Iich ha de Gäischt wien e tuube
gsee vom himel oben abe choo und uf imm bliibe.
33 Iich hett en nöd gkännt, aber dèè, wo mi gschickt hät
go tauffe mit wasser, dèè hät zue mer gsäit: Uf dèè, wo d
gseesch de Gäischt oben abe schwäbe und uf em bliibe,
dè isch es, wo mit em Häilige Gäischt taufft. 34 Und iich

ha s sälber gsee und cha s bezüüge, das èèr de Soon vo
Gott isch.»

[35] Am taag druuf isch de Johannes wider deet gstande
und no zwee vo sine jüngere. [36] Und won er Jesus gseet
verbii gaa, säit er zuen ene: «Lueged daa, èèr isch
s ooschterlamm vo Gott.» [37] Di beede jünger händ s
ghöört und sind zu Jesus übere und mit em ggange.
[38] Wo Jesus ume glueget und si gsee hät dethèèr choo,
säit er zuen ene: «Was sueched er?» Do händ s zuen
em gsäit: «Rabbi – das häisst übersetzt mäischter – wo
wonnsch?» [39] Eèr säit zuen ene: «Chömed mit, dänn
gseend er s!» Do sind s mit em ggange und händ s gsee,
won er gwonnt hät, und sind de ganz taag biin em plibe.
Daas isch öppen um die vieri passiert.

[40] Der äint vo dène beede, wo s vom Johannes ghöört
händ und dänn mit Jesus ggange sind, isch der Andreas
gsii, de brüeder vom Simon Petrus. [41] Ebe der Andreas
hät dänn grad sin brüeder troffe, de Simon, und hät
zuen em gsäit: «Duu, mir händ de Messias gfunde»
(Messias häisst uf griechisch Chrischtus). [42] Und dänn
hät er en zu Jesus praacht. Jesus hät en aagglueget und
säit dänn zuen em: «Du bisch de Simon, de soon vom
Johannes, vo jetz aa ghäissisch du Kefas» (das bedüütet
uf griechisch Petrus und uf züritüütsch Felse).

[43] Am nèèchschte taag hät Jesus uf Galilèa wele und
trifft underwägs de Philippus aa. Er säit zuen em: «Duu,
chumm mit mer!» [44] De Philippus isch vo Betsaida gsii,
vom gliiche stedtli wie der Andreas und de Petrus. [45] De

Philippus hät dänn de Nathanael aatroffe und säit zuen
em: «Duu, mer händ dèè gfunde, wo de Moses und
d profeete i de bible gschribe händ von em, Jesus, de
soon vom Josef vo Nazareth.» 46 Do git em de Natha-
nael ume: «Wie chönnt au vo Nazareth öppis gschiids
choo!» Do hät de Philippus gsäit: «So chumm und lueg
sälber!» 47 Wo Jesus de Nathanael gsee hät dethèèr
choo, säit er über en: «Jetz lueged daa, en ächte Israelit
ooni maske!» 48 Do säit de Nathanael zuen em: «Wisoo
kännsch du miich?» Jesus git em zur antwort: «Bevor
dir de Philippus grüeft hät, han iich di gsee under em
fiigebaum.» 49 Uf daas abe rüefft de Nathanael: «Jee
Rabbi, du bisch ja de soon vo Gott, du bisch ja de könig
vom volch Israel!» 50 Do git em Jesus zur antwort und
säit: «Glaubsch du das nu, wil i zue der gsäit han, iich
heg di gsee under em fiigebaum? Du wirsch na ganz
anders gsee!» 51 Und er säit zu allne: «Iir chönd druuf
gaa, was iich öi säge: Iir wèèrded de himel no offe gsee
und d ängel no ufen und abe schwäbe über em nöie
mäntsch.»

Am e hoochsig z Kana

2 [1]Am dritte taag händ s z Kana es hoochsig gfiiret.
Kana isch im bezirk Galilèa gsii. D mueter vo Jesus
isch au debii gsii. [2]Aber au Jesus und sini jünger sind
a das hoochsig iiglade gsii. [3]Und won ene de wii uus-
ggangen isch, säit d mueter zu Jesus: «Duu, si händ e
käi wii mee.» [4]Do säit Jesus zuen ere: «Mensch, was
gaat diich das aa? Miini ziit isch nonig choo.» [5]Do säit
d mueter zu dène, wo zuetienet händ: «Mached säb,
won èèr öi säit!» [6]Es sind nämli sächs stäi-chrüeg deet
gstande zum sich wäsche, wie s de bruuch gsii isch bi
de Jude. I jedem vo dène chrüeg händ öppen achzg bis
hundert liter platz ghaa. [7]Jesus säit zuen ene: «Füled
die chrüeg mit wasser!» Und si händ si gfüllt bis oben
use. [8]Und dänn hät er zuen ene gsäit: «Soo, jetz schöp-
fed devoo und bringed s em bruutfüerer!» Do händ s
em s praacht. [9]Wo de bruutfüerer probiert hät vo dèm
wasser, wo wii woorden isch, und nöd gwüsst hät, wo
s hèèr choo isch – aber die, wo zuetienet händ, händ s
scho gwüsst, will s ja s wasser sälber drii ttaa händ – hät
er em brüütigam grüefft [10]und zuen em gsäit: «Äigetli
tischet me zeerscht de besser wii uuf, und eerscht,
wänn s langsam gnueg händ, de schlächter. Und duu
machsch es grad umgkeert: duu häsch de besser bis
jetz uufphalte.» [11]Daas isch der aafang gsii vo all dène
zäiche, wo d hèrrlichkäit vo Jesus händ la durelüüchte.

Z Kana isch es passiert. Vo doo aa händ d jünger imer
mee vertrouen überchoo zuen em.

Am eerschte passa-fäscht

[12]Nachane isch er uf Kafarnaum abe ggange, èèr und
sini mueter und sini brüedere und sini jünger. Aber
deet sind s nöd lang plibe. [13]Scho glii isch s passa-
fäscht vo de Jude choo. Drumm isch Jesus uf Jerusalem
ue ggange. [14]Deet hät er im tämpel händler aattroffe,
wo rinder, schaaff und tuube verchauft händ, und au
settigi, won äim s gäld i tämpelmünz gwächslet händ.
[15]Do hät er us eme strick e gäisle gmacht und all zäme
zum tämpel uusgjagd, au d schaaff und d rinder, und
de wächsler hät er s gäld uusglèèrt und d tisch debock-
grüert, [16]und zu de tuube-verchöiffer hät er gsäit: «Furt
mit dèm züüg! Mached doch s huus vo mim Vatter nöd
zum e waare-huus!» [17]Do isch de jüngere in sinn choo,
das i de bible staat: vor luuter chummer um diis huus
chum i no umm! [18]Do händ sich di obere aber grott und
zuen em gsäit: «Was für en bewiis liferisch öis, dass
du s rächt häsch, esoo öppis z tue?» [19]Jesus git ene ant-
wort und säit: «Bräched dè tämpel ap, und i drei tääg
bou iich en öi wider uuf.» [20]Do händ en di oberen uus-
glachet und gsäit: «Sächsevierzg jaar lang händ s pout
a dèm tämpel, und duu wotsch en i drei tääg wider
uufschtele?» [21]Aber Jesus hät doch vo sim äigete liib
gredt, won er «tämpel» gsäit hät. [22]Won er dänn uufer-
schtanden isch vo de toote, doo isch es de jüngere
wider in sinn choo, das er daas gsäit hät, und si händ

draa gglaubt, was i de bible staat und was Jesus gsäit
hät. 23 Scho a säbem passa-fäscht z Jerusalem händ no
vill anderi an en gglaubt, das èèr de Chrischtus seg, will
s die zäiche gsee händ, won er ttaa hät. 24 Aber Jesus hät
sich nöd uf sii verlaa, wil er si durschaut hät 25 und wil
er s au nöd nötig ghaa hät, das em öpper säit, was dèè
oder dise mäint. Eèr hät s vo sälber gmèrkt, was mit
dèm mäntsch loos isch.

Z nacht

3 [1]Es hät äinen under de pharisäer ghaa, de Niko-
demus, won im hööche raat vo de Jude gsii isch.
[2]Eèr isch z nacht, wo s niemer gsee hät, zuen em choo
und hät gsäit: «Rabbi, mer wüssed, dass du vo Gott
chunnsch als sin leerer. E käine chèènt die zäiche tue,
wo duu tuesch, wänn Gott nöd mit em wèèr.» [3]Do git
em Jesus antwort und säit: «Chasch druuf gaa, was
iich der säge: Wänn äine nöd namaal geboore wiird, so
chan er s riich vo Gott nöd gsee.» [4]Do säit de Nikode-
mus zuen em: «Wie chan en mäntsch geboore wèèrde,
wän er alt isch? Er cha doch käs zwäits maal in buuch
vo siner mueter ie und namaal geboore wèèrde?»
[5]Jesus säit: «Gott gseet s esoo, wien iich der s säge:
Wèèr nöd us wasser und us Gäischt gebooren isch, dèè
chan is riich vo Gott nöd inegaa. [6]Wèèr vom e mäntsch
gebooren isch, isch nu en mäntsch.Wèèr vom Gäischt
gebooren isch, isch Gäischt. [7]Muesch di nöd verwun-
dere, das i gsäit ha: Iir müend namaal geboore wèèrde.
[8]De Gäischt isch wie de wind. Dèè blaast doch, won er
will. Du ghöörsch, wie s suuset, und wäisch doch nöd,
wo s hèèrchunnt und wo s hiigaat. Grad asen isch s mit
jedem, won us em Gäischt gebooren isch.» [9]Do git em
de Nikodemus antwort und säit: «Wie sell daas dänn
zue und hèèr gaa?» [10]Und Jesus säit druuf: «Waas, duu
bisch en leerer vom volch Israel und verschtaasch daas

nööd? [11] Chasch druuf gaa, was iich der säge: Miir reded
nu vo dèm, wo mer verschtande händ, und stönd nu ii
für daas, wo mer sälber gsee händ, und doch glaubed
iir s öis nööd. [12] Wän iich vom iirdische zun öi rede, und
iir glaubet s nööd, wie wetted iir dänn glaube, wän iich
vom himmlische zun öi rede? [13] S isch doch no käine bis
in himel gstige ussert dèm, won obenabe gstigen isch
vom himel, nämli de nöi mäntsch, won im himel dihäi-
men isch. [14] Und grad esoo wie de Moses i de wüeschti
d schlange hööch uufgrichtet hät, soo hööch mues au
de nöi mäntsch uufgrichtet wèèrde, [15] das jede, won an
en glaubt, eewigs läbe hät. [16] Gott hät die wält doch ase
gèèrn ghaa, das èr der äinzig Soon für sii verschänkt
hät, dass dänn jede, won imm glaubt, nöd verloore
gaat, wil er eewigs läbe hät. [17] Gott hät sin Soon doch
nöd i d wält gschickt zum si go veruurtäile, èr hät en
gschickt zum si go rette. [18] Wèr an en glaubt, wiird nöd
veruurtäilt. Wèr nöd an en glaubt, hät s uurtäil über
siich scho gfällt, wil èèr ja nöd a d gägewaart vom äin-
zige Soon vo Gott gglaubt hät. [19] Daas isch doch d kriise,
won èèr uusglööst hät, dass s liecht i d wält choo isch
und d mäntsche s finschtri lieber ghaa händ weder s
liecht. Was sii sich gläischtet händ, isch ebe schlächt
gsii. [20] Und wèr sich s schlächti läischtet, mag s liecht
nöd verbutze. Dèè chunnt nöd hinefüre, dass s jaa nöd
uus-chunnt, was er poosget hät. [21] Wèr aber d waret säit
und tuet, dèè chunnt a s liecht, das mer s cha gsee, das
ales, won er taa hät, Gott z lieb ttaa isch.»

Am wasser vom Jordan

[22] Nach dèm gsprööch mit em Nikodemus isch Jesus mit
de jüngere uf Judèa ggange, und deet isch er plibe und
hät ttaufft. [23] Aber au de Johannes hät ttaufft z Aenon,
i der nööchi vo Salim, will s deet vill wasser ghaa hät.
Und d lüüt sind zuen em choo und händ sich tauffe
laa. [24] De Johannes isch do nämli nonig im chefi gsii.
[25] Emaal händ d jünger vom Johannes mit eme Juud
gstritten über de sinn vo de tauffi. [26] Do sind s mit em
zum Johannes ggange und händ zuen em gsäit: «Rabbi,
häsch gsee, dèè wo bii der gsii isch änet em Jordan, und
wo du für en iigschtande bisch, dèè taufft ja au, und
ales laufft em naa?» [27] Do säit de Johannes zuen ene:
«Käin mäntsch cha sich sälber öppis nèè, wän em s de
himel nöd gitt. [28] Iir händ s ja sälber ghöört, won i gsäit
ha: Nöd iich bi de Chrischtus, iich bin em nu voruus-
gschickt woorde. [29] Dèm wo d bruut ghöört, daas isch
doch de brüütigam! De fründ vom brüütigam isch z
fride, wän èr nu scho d stimm von em ghöört. Die fröid,
die langet miir. Was wett ich mee? [30] Eèr mues doch
gröösser wèèrden und ich chliiner! [31] Dèè, wo vo oben
abechunnt, staat über allne. Dèè, wo nu vo une chunnt,
isch nu vo èèrde und chan au nu vom iirdische verzele.
Dèè, wo vom himel abechunnt, staat würkli über allne,
[32] und was èr säit, das hät er sälber gsee und ghöört,
und trotzdèm nimmt em s niemer ap. [33] Di säben aber,
won em s abgnoo händ, die leged d hand is füür, dass
Gott dehinder staat. [34] Wän äine vo Gott sälber gschickt
wiird, dänn richtet dèè nu uus, was Gott em sälber gsäit
hät. Gott giizet doch nöd mit em Gäischt. [35] De Vatter

hät de Soon soo gèrn, das er imm grad alls i d hand gläit
hät. 36 Drum hät dèè eewigs läbe, won an Soon glaubt.
Aber dèè, won em Soon nüüt dernaa-frööget, gseet s
läbe nie. Gott bliibt em eewig tunkel.»

Am brune vo Samaria

4 1 Wo Jesus vernoo hät, dass d pharisèer säged, èr
tauffi und machi mee jünger als de Johannes –
2 debii hät Jesus gar nöd sälber ttaufft, nu sini jün-
ger – 3 do isch er vo Judèa furt und wider uf Galilèa
ggange. 4 Er hät aber müese dur Samaria dure. 5 Do isch
er i d nööchi vom stedtli Sychar choo, nöd wiit ewègg
vo dèm stuck land, wo de Jakob sim soon Josef ggèè
hät. 6 Deet isch de Jakobs-brune gsii. Müed vo de räis
isch Jesus uf de rand vom brune gsässe, öppen um di
zwölfi. 7 Do chunnt e frau cho wasser schöpfe. Jesus
säit zuen ere: «Gi mer ä chli z trinke!» 8 D jünger sind
nöd ume gsii, will s is stedtli sind go iichauffe. 9 Do säit
d Samaritaneri zuen em: «Wie chunnsch dänn duu als
Juud derzue, vo miir wasser z höische, won iich doch nu
e Samaritaneri bi?» – Jude vercheered nämli nöd mit
Samaritaner. – 10 Do säit Jesus zuen ere: «Wänn du en
aanig hetsch vo dèm, wo Gott is schänkt, und wüss-
tisch, wèr s isch, wo mit der redt und zue der gsäit hät:
Gi mer ä chli z trinke!, iich bi sicher, du hettisch inn
um wasser gfrööget, und èèr hett diir dänn läbigs was-
ser ggèè.» 11 Do hät si zuen em gsäit: «D U, du häsch ja
gar nüüt zum schöpfe, und de brunen isch doch tüüff!
Wohèèr wettsch du dänn läbigs wasser nèè? 12 Bisch duu
dänn öppe gröösser weder öise vatter Jakob, won öis
dè brune ggèè hät? Eèr hät doch au druus trunke und

sini söön und sis vee?» [13] Daa druuf säit Jesus zuen ere:
«Jede, wo vo dèm wasser trinkt, chunnt wider tuurscht
über. [14] Dèè, won aber vo dèm wasser trinkt, won iich
em gibe, dèè hät für eewig e käi tuurscht mee. Säb was-
ser wiird in imm e quäle wèèrde, wo sprudlet und wo
eewigs läbe git.» [15] Do säit die frau zuen em: «DU, so gi
mer vo dèm wasser, das i käi tuurscht mee mues haa,
und das i nüme mues dahère cho go schöpfe!» [16] Eèr säit
zuen ere: «Gang zeerscht din maa go hole, und dänn
chumm wider!» [17] Druuf säit si ganz betroffe: «Iich ha ja
gar kän maa.» «Häsch rächt», säit Jesus zuen ere, «du
häsch e käine.» [18] Föif häsch ghaa, und dèè, wo d jetz
häsch, isch au nöd din maa. Es isch esoo, wie d gsäit
häsch.» [19] Do säit si zuen em: «DU, ich gsee, du bisch
ja en profeet! [20] Uf dèm bèèrg händ öisi vättere pättet,
und iir säged, daas chönn me nu z Jerusalem.» [21] Jesus
säit zuen ere: «Glaub mer s, frau, es chunnt e ziit, won
iir nümen uf dèm bèèrg und au nüme z Jerusalem zum
Vatter bätted. [22] Iir gönd uf d chnüü vor dèm, won iir nöd
käned. Miir käned en, will d rettig vo de Jude chunnt.
[23] S chunnt scho no d ziit – und äigetli isch si scho daa –
wo die, wo würkli e beziehig sueched zum Vatter, uf
käin beschtimmten oort mee aagwiise sind. Die bätted
dänn im Gäischt und i de waret. Uf die hät de Vatter
scho lang planget. [24] Gott isch doch Gäischt, und die, wo
zuen em bätted, die müend en doch im Gäischt und i
de waret sueche.» [25] Do säit si zuen em: «Ich wäiss es
scho, dass de Messias emaal chunnt, dèè wo Chrischtus
häisst. Wänn dèè chunnt, git èèr öis dänn uuskumpft
über ales.» [26] Jesus säit zuen ere: «Iich bin en, iich,
wo mit der rede.» [27] Underdesse sind d jünger zrugg-

choo und händ sich gwunderet, das er mit ere frau
gredt hät. Aber e käine het sich getrout, z fröög: Was
häsch im sinn? oder: Was häsch mit ere gredt? [28] I dèm
momänt hät d frau ire chrueg la staa und isch i s stedtli
grännt und hät zu de lüüt gsäit: [29] «Chömed cho luege!
Am brunen isch äine, wo mer ales gsäit hät, won i ttaa
han. Chèènt dèè nöd am änd de Chrischtus sii?» [30] Do
sind s uf de wääg zum stedtli uus und zuen em use. [31] D
jünger händ underdessen ales parat gmacht, und dänn
händ s zuen em gsäit: «Rabbi, jetz chumm und iss!»
[32] Aber èèr hät zuen ene gsäit: «Iich han öppis z ässe,
won iir nöd käned.» [33] Do händ s underenand gmunklet:
«Es hät em doch niemer z ässe praacht?». [34] Jesus säit
zuen ene: «Iich läbe vo dèmm, wo mi de Vatter ghäisse
hät. Und was èr aagfange hät, daas mues i doch au fèr-
tig mache. [35] Händ iir nöd sälber gsäit, es seged no vier
mönet bis zur èèrnt? Iich sägen öi: Lueged doch die
fälder e chli gnauer aa, die sind scho riif für d èèrnt.
[36] Dèm, wo jetz gaarbe schniidt, dèm wiird nöd nu sin
loon uuszaalt defüür, dèè sammlet au no d frucht für s
eewig läbe. Und dänn fröit sich dè, wo gsèèt hät, zäme
mit dèm, wo cha èèrnte. [37] Und dänn wiird s sprichwort
waar, wo säit: Der äinti sèèt – der ander èèrntet. [38] Iich
han öi gschickt go èèrnte, deet won iir nöd gschaffet
händ. S sind anderi gsii, wo gschaffet händ, iir händ
nu chöne wiiterfaare mit irer arbet.» [39] Vo säbem stedtli
händ vill Samaritaner aagfangen an en glaube, will die
frau gsäit hät: «Eèr hät mer ales gsäit, won i ttaa han.»
[40] Wo s nämli zuen em use-choo sind, händ s en pätte,
èr söll doch biin ene bliibe. Drumm isch er zwee tääg
biin ene plibe. [41] Do händ no vill mee an en gglaubt,

aber wäge dèm, wo s sälber von em ghöört händ. 42 Si
händ zur frau gsäit: «Mer glaubed nöd nu wäge diir,
mer händ s jetz sälber ghöört und händ s begriffe: èèr
isch de retter vo de wält.»

Am e beamte sin bueb wiird gsund

43 Nach dène zwee tääg z Samaria isch er furt vo deet
und uf Galilèa ggange. 44 Er hät zwaar sälber gsäit ghaa,
en profeet gälti i sinere häimet nüüt. 45 Aber jetz, won er
uf Galilèa choo isch, händ s en gliich uufgnoo. Si händ
eben au ales gsee, won er z Jerusalem obe ttaa hät. Si
sind ja schliesslich au debii gsii am fäscht. 46 Jetz isch
er wider uf Kana, deet hät er ja us wasser wii gmacht.
En beamte vom könig, wo z Kafarnaum iittäilt gsii isch,
hät en chranke bueb ghaa. 47 Won er ghöört hät, das
Jesus i der geget seg, isch er zuen em ggange und hät
en pätte, er sell doch zuen em choo und sin bueb häile,
er seg scho am stèèrbe. 48 Do hät Jesus zuen em gsäit:
«Wänn iir nöd zäichen und wunder gseend, so glaubed
iir nööd.» 49 De beamti säit zuen em: «Ach D U, chumm
doch, bevor min bueb stiirbt!» 50 Do säit Jesus zuen em:
«So gang jetz rueig häi, din bueb läbt!» Do hät dè maa
glaubt, was Jesus gsäit hät, und isch häi ggange. 51 No
underwägs sind em sini aagschtellte entgäge choo und
händ gsäit, de bueb läbi. 52 Do hät er sich erkundiget
biin ene, vo wänn aa dass s em pesseret heb. Si händ
em gsäit: «Geschter um di äis sind d fieber abe.» 53 Do
hät de vatter gmèrkt, das es genau i dèm momänt pas-
siert isch, wo Jesus zuen em gsäit hät: Din bueb läbt.

Drumm hät èèr und sini ganz familie an en gglaubt.
54 Daas isch s zwäit zäiche gsii, wo Jesus ttaa hät, sid er
vo Judèa uf Galilèa choo isch.»

Am weier vo Betesda

5 [1]Spööter isch wider es fäscht gsii bi de Jude, drum
isch Jesus uf Jerusalem. [2]Z Jerusalem hät s bim
Schaafftoor en weier mit föif hale und süüle drum ume
ghaa. Dèè häisst uf hebräisch Betesda. [3]Um dè weier
sind en huuffe chrankni gläge: blindi, laami, schwiind-
süchtigi, wo uf d wäle gwaartet händ. [4]Hii und daa
isch nämli en ängel in weier abe choo und hät s wasser
bewegt, und wèr zeerscht dine gsii isch, dèè isch gsund
woorde, s isch nöd druuf aachoo, weli chranket das èr
ghaa hät. [5]Under dène chrankne hät s äine ghaa, wo
scho achtedriissg jaar lang a sinere chranket glitte hät.
[6]Won en Jesus gsee hät eso daaliggen uf sinere matte,
und vernoo hät, das er die chranket scho so lang heg,
säit er zuen em: «Wetsch nöd gsund wèèrde?» [7]Do säit
de chrankni zuen em: «Ach D U, ich ha ja niemer, wo
mi ineträit, wänn s wäle git. Bis iich chume, isch scho
lang en andere vor miir drinn.» [8]Jesus säit zuen em:
«Stand uuf! Nimm dini matten und lauff ume!» [9]Do
isch dè mäntsch grad gsund woorde, hät sini matte
zämephackt und isch umegloffe.

Es isch aber sabbat gsii a säbem taag, [10]drumm händ di
obere vo de Jude zum ghäilte gsäit: «Es isch doch sabbat
hüt, da töörff me doch käi matten umeträäge!» [11]Aber
dèè hät ene umeggèè: «Dè, wo mi gsund gmacht hät,

hät zue mer gsäit: Nimm dini matten und lauff ume!»
12 Do händ s en gfröögét: «Wèèr isch es dänn gsii, wo
zue der gsäit hät: Nimm dini matten und lauff ume?»
13 Aber de ghäilti hät s nöd gwüsst, wèr s gsii isch. Jesus
isch nämli verschwunde, wo d lüüt zämegloffe sind.

14 Eerscht spööter hät en Jesus dänn im tämpel obe ttroffe
und hät zuen em gsäit: «Gseesch, jetz bisch gliich no
gsund woorde. Aber gäll, jetz faarsch nöd im alte tramp
wiiter wie früener, susch chèènt s der no schlimmer
gaa!» 15 Do isch dè mäntsch grad zu den obere ggange
und hät ene s gsäit, es seg Jesus gsii, won en gsund
gmacht heg. 16 Vo doo aa händ di obere Jesus under d
luppe gnoo, wil er daas am e sabbat ttaa hät. 17 Aber èèr
hät scho en antwort gwüsst und zuen ene gsäit: «Wänn
miin Vatter immer schaffet, dänn schaff iich halt au.»
18 Do hetted en di oberen am liebschten umpraacht,
nöd nu wil er de sabbat proche hät, mee wil er esoo
vo Gott gredt hät, wie wänn dè sin Vatter wèèr, und wil
er siich esoo Gott gliichgstellt hät. 19 Do hät ene Jesus
gsäit: «Iir chönd druuf gaa, was iich öi säge: Vo siich
uus chan en soon nüüt undernèè, wän er nöd gseet,
was de vatter macht. Was dèè tuet, macht dänn ganz
genau au èèr. 20 En vatter hät de soon soo gèèrn, das èr
em ales zäiget, was er macht. 21 Eèr zäiget em sogaar no
mee als daas, das iir öi nu no wundere chönd. Genau
soo wie de Vatter tooti uufweckt und ne läbe schänkt,
grad soo macht au de Soon die läbig, won èr will. 22 Au
nöd es uurtäil fèllt de Vatter ganz eläi, èr überlaats em
Soon, 23 das au de Soon genau soo reschpektiert seg
wie de Vatter. Dèè, wo de Soon nöd reschpektiert, dèè

reschpektiert au nöd de Vatter, won en gschickt hät.
24 Gott gseet s esoo, wien iich s öi säg: Wèr daas ghöört,
won iich gsäit han, und dèm glaubt, wo mi gschickt hät,
dèè hät scho eewigs läbe und chunnt au nümen in es
gricht, wil èèr vom tood scho überen is läbe ggangen
isch. 25 Iir chönnd druuf gaa, was iich öi säge: Es chunnt
e stund – si isch scho daa – won au di toote d stimm
vom Soon vo Gott chönd ghööre, und wèr si ghöört, dèè
läbt. 26 Grad ase wie de Vatter s läben i sich sälber hät,
esoo hät s au de Soon i siich. 27 Imm hät èr d vollmacht
ggèè zum letschte gricht, wil èèr de nöji mäntsch isch.
28 Wundered öi nööd, der augeblick chunnt schoo, wo
s d stimm von imm au i de greber ghööred, 29 und use-
gönd und uuferschtönd, di äinte zum läbe, will s ales z
lieb ttaa händ, di andere zum gricht, will s ales z läid
gmacht händ.

30 Iich cha vo miir uus überhaupt nüüt tue. Ich richte
miich nach dèm, won ich vom Vatter ghöre. Drumm
isch mis uurtäil richtig. Ich suech ja nöd miin wile
dure z setze, nu dèè vom Vatter, wo mi gschickt hät.
31 Wänn iich de züüge vo miir sälber wèèr, dänn wèèr
mis zügnis unglaubwürdig. 32 En anderen isch es, wo
miin züügen isch, und dèmm siis zügnis über miich
isch waar. 33 Iir händ doch lüüt gschickt zum Johannes,
und èèr isch dänn für d waret hèregstande. 34 Iich ha s
nöd nöötig, das en andere für miich hèrestaat. Daas säg
ich öi z lieb, das iir grettet wèèrded. 35 De Johannes isch
en lüüchter gsii, wo prännt und gstraalet hät, iir aber
händ öi a sim liecht nu wele sune. 36 Dèè, wo hère-staat
für miich, isch gröösser weder de Johannes. Min uuf-

traag, wo mer uufträit isch vom Vatter, dèè isch es, wo
bezüügt, das miich de Vatter gschickt hät. 37 Eèr sälber,
wo mi gschickt hät, läit d hand i s füür für miich. 38 Iir
aber glaubed dèm nööd, won èr gschickt hät, drum
händ er d stimm von imm no gaar nie ghöört und siini
gstalt nie gsee. Und drum hät au siis woort käi platz bin
öi. 39 Iir läsed ständig i de bible, und mäined, das er s
eewig läbe dine finded, und sii redt doch vo miir. 40 Und
iir wänd nöd zu miir choo, wo doch s läben isch. 41 Vo
käim mäntsch han ich eer aagnoo, 42 drum han ich öi
durschaut, das iir käin funke liebi händ zu Gott. 43 Iich
bin im uuftrag vo mim Vatter cho, und trotzdèm lee-
ned iir mich ap. Chèèm äine i sim äigenen uuftraag,
dèè wüüred iir scho akzeptiere. 44 Wie wetted iir dänn
glaube chöne, solang iir eer aanämed von enand und
d eer vom äinzig waare Gott nöd sueched? 45 Iir müend
nöd mäine, das ich öi bim Vatter täg verchlage. Wèr öi
verchlagt, das isch de Moses sälber, uusgrächnet dèè,
won iir soo uf en hoffed! 46 Wän iir em Moses würkli
glaube täted, dänn glaubtid iir au miir. Eèr sälber hät
ja gschriben über miich. 47 Wän iir aber scho nöd glau-
bed, was èèr gschribe hät, wie wetted iir dänn glaube,
was iich gsäit han?»

Am see vo Tiberias

6 [1]Und dänn isch Jesus a s ander uufer übere vom
Tiberias-see. [2]Es sind em aber en huuffe lüüt naa-
gloffe, wil s gsee händ, was er a de chrankne ttaa hät.
[3]Do isch Jesus uf en hügel ue und deet mit de jüngere
abgsässe. [4]Es isch churz vor em passa-fäscht gsii. [5]Wo
Jesus eso umelueget und dè huuffe lüüt gseet hère
choo, do sait er zum Philippus: «Wo chauffe mer jetz
broot, das ali zässe händ?» [6]Das hät er aber nu gsäit,
zum en uf d proob stele. Eèr sälber hät scho gwüsst,
was er wott. [7]Do säit de Philippus zuen em: «Da bru-
uchti s ja de loon vo zweehundert taglöönere, das jede
nu es bitzli überchèèm!» [8]Äine vo sine jüngere, der
Andreas, de brüeder vom Simon Petrus, säit zuen em:
[9]«Da hät s en bueb, wo föif gèèrschtebroot hät und
zwee fisch, aber was isch das scho für so en huuffe
lüüt!» [10]Do hät Jesus gsäit: «So lönd die lüüt la absitze!»
Es hät nämli schöön graas ghaa uf säbem hügel. Do
sind s abgsässe, öppe föiftuusig. [11]Und dänn hät Jesus
die broot gnoo, hät tanket defüür und si vertäilt under
ali, und dänn au vo de fisch, so vill s händ wele. [12]Und
wo s dänn gnueg ghaa händ devoo, hät er zu de jünger
gsäit: «Soo, jetz läsed ales zäme, wo voorig pliben isch,
das nüüt verloore gaat!» [13]Do händ s es gmacht und
zwölf chöörb voll reschte zämegläse vo dène föif broot,
und debii händ doch soo vill devoo ggässe. [14]Wo d lüüt

dänn gmèrkt händ, dass da öppis psunderigs passiert
isch, händ s zuen enand gsäit: «Das isch ganz sicher de
Profeet, wo mer erwaarted.» 15 Aber Jesus hät s gmèrkt,
dass s en am liebschte hetted wele devooträäge und
zum könig mache. Drum isch er ne devoo und ganz eläi
uf de bèèrg ue ggange.

16 Wo s aabig woorden isch, sind d jünger an see abe
17 und in es boot iegschtige, will s händ welen a s ander
uufer übere uf Kafarnaum. Es isch scho tunkel gsii,
und Jesus isch imer nonig zruggchoo. 18 En staarche
wind hät aafèè blaase, und de see isch ganz wild und
stüürmisch woorde. 19 Wo s öppe vier bis föif kilome-
ter wiit usse gsii sind, gseent s uf äimaal Jesus über de
see choo und ganz nöch a s boot hère. Do händ s dänn
aafèè schlottere! 20 Eèr aber hät zuen ene gsäit: «I i c h
b i s ja, er müend doch käi angscht haa!» 21 Und wo s
en händ welen i s boot ienèè, händ s gmèrkt, dass s ja
scho a s land faared, genau deet, wo s händ ane wele.

22 Am nèèchschte morge händ die, won am anderen
uufer plibe sind, gsee, dass käi boot mee ume sind
ussert es äinzigs. Si händ au gsee ghaa, das Jesus nöd
mit de jünger iigstigen isch und dass s eläi abgfaare
sind. 23 Jetz sind vo Tiberias hèèr grad e paar boot i
d nööchi choo vo dèm platz, wo s s broot ggässe händ,
won E R gsägnet hät. 24 Und wo s gsee händ, das weder
Jesus no d jünger ume sind, do sind s iigschtige und uf
Kafarnaum übere gfaare. Und deet sind s en go sueche.
25 Wo s en gfunde händ, händ s zuen em gsäit: «Rabbi,
wänn bisch dänn duu da übere choo?» 26 Do hät Jesus

zuen ene gsäit: «Es isch scho soo, wien iich s öi säge: Iir
sueched miich ja gaar nöd, wil iir es zäiche vo Gott gsee
händ. Iir händ nu graatis chönen ässe, und eerscht na
gnueg. 27 Raggered öi doch nöd abe für öppis, wo sich
nu uufässe laat. Soorged vill lieber für daas, won eewig
anehebt und wo de nöi mäntsch öi cha gèè. Dèè hät de
Vatter doch sälber beschtèètiget.» 28 Do händ s en gfröö-
get: «Was söled miir dänn mache, das miir au chönd,
was Gott im sinn hät?» 29 Do säit er: «Es langet scho, das
iir a dèè glaubed, wo Gott gschickt hät.» 30 Do händ s
en wiiter gfrööget und gsäit: «Was gisch is dänn duu
für es zäiche, wo mer chönd gsee und der glaube? Zäig,
was d chasch! 31 I de wüeschti händ öisi vättere manna
ggässe, soo staat s i de bible: ‹Broot vom himel hät ER
ene z ässe ggèè!›» 32 Jesus isch ene d antwort nöd schul-
dig plibe und hät gsäit: «Gott gseet s esoo, wien iich s
öi säge: Nöd de Moses hät öi s broot vom himel ggèè,
miin Vatter git öi s waari broot vom himel. 33 S broot vo
Gott isch dèè, wo vom himel oben abe chunnt und läbe
bringt i d wält.» 34 Do händ s zuen em gsäit: «DU, wänn
d öppis chasch, so gib is imer vo dèm broot.» 35 Do hät
er gsäit: «Iich bi daas broot, wo läbe bringt. Wèr zu
miir chunnt, dèè gspüürt kän hunger mee, wèr a miich
glaubt, hät nie mee turscht. 36 Ich ha s öi ja scho gsäit,
iir händ mi gsee und doch nöd gglaubt. 37 Was miir de
Vatter git, chunnt scho zu miir. Und dèè, wo chunnt,
dèè jag ich doch nöd furt. 38 Iich bi doch nöd vom himel
obenabe choo zum daas tue, wo miir passt. Iich tue
nu das, wo dèè im sinn hät, wo mi gschickt hät. 39 Eèr
hät im sinn, das iich gaar nüüt verlüüre vo dèm, won
èèr mer ggèè hät, und ales uuferwecke am jüngschte

taag. 40 Soo hät s de Vatter doch beschlosse, das jede,
wo de Soon gseet und dänn an en glaubt, sell eewigs
läben überchoo, und das ich inn dänn uuferwecke am
jüngschte taag.»

41 Do händ sich di obere furchbaar uufgregt, wil er gsäit
hät: Iich bi s broot, wo vom himel obenabe choo isch,
42 und händ gsäit: «Isch dèè dänn öppe nöd de Jesus, de
soon vom Josef? Dèm sin vatter käne mer ja und sini
mueter au! Wie chan er dänn behaupte, èr seg vom
himel choo?» 43 Do hät Jesus zuen ene gsäit: «Reged öi
doch nöd uuf wäg dèmm! 44 Es chunnt e käine a mis
ghäimnis ane, wän em nöd de Vatter, wo mi gschickt
hät, de nöötig schupf git, und dänn tuen iich en uufer-
wecken am jüngschte taag. 45 Scho bi de profeete staat s
gschribe: Ali wèrded dänn emaal vo Gott sälber under-
wise sii. Jede, wo s vom Vatter ghöört und gleert hät,
chunnt zu miir. 46 No gaar niemer hät de Vatter gsee.
Dèè, wo vo Gott chunnt, dèè eläi, dèè hät de Vatter gsee.
47 Iir chönd druuf gaa, was iich öi säge: Wèr glaubt, dèè
hät scho eewigs läbe. 48 Iich bi s broot, wo läbe git.
49 Öji vättere händ i de wüeschti manna ggässe und sind
gliich gstoorbe. 50 Hingäge daas broot, wo vom himel
chunnt, isch soo, dass dè, wo s isst, nöd stiirbt. 51 Iich
bi s broot, wo läbe git und wo vom himel choo isch.
Wän öpper vo dèm broot isst, läbt er eewig. Daas broot,
won iich em gibe, isch mis äige fläisch und bluet, won
iich für d wält hiigibe.»

52 Jetz händ di oberen aagfange striite underenand und
händ gsäit: «Wie cha dänn dèè sis äige läbe gèè zum

ässe?» [53] Do hät Jesus zuen ene gsäit: «Gott gseet s esoo,
wien iich s öi säge: Wän iir s fläisch und s bluet vom nöie
mäntsch nöd ässed und nöd trinked, isch s läbe nöd in
öi. [54] Wèr aber s fläisch und s bluet vo miir ganz i sich
uufgnoo hät, dèè hät scho eewigs läben i siich uufgnoo,
und iich uuferweck en dänn am jüngschte taag. [55] Miis
fläisch und bluet sind würkli spiis und trank. [56] Wèr isst
und trinkt devoo, dèè läbt mit miir und iich mit imm.
[57] Soo wien iich mit em Vatter läbe, wo mi gschickt hät,
so läbt au dèè mit miir, wo miich ganz i sich uufgnoo
hät. [58] Nu daas isch s broot vom himel und nöd daas,
won öji vättere ggässe händ und wider gstoorbe sind.
Wèr daas broot isst, läbt eewig.» [59] Daas hät er i de Syna-
goge vo Kafarnaum gsäit und gleert.

[60] Vill vo sine jüngere, wo das ghöört händ, händ gsäit:
«Daas isch dänn z vill! Dèè übertriibt! Das isch ja nöd
zum zuelose!» [61] Jesus hät s gspüürt, dass sich sini jün-
ger uufgregt händ, und hät zuen ene gsäit: «Ärgeret
öi daas? [62] Was säged iir dänn eerscht, wän iir de nöi
mäntsch gseend deet uegaa, won er hèèrchoo isch?
[63] S isch doch de Gäischt, wo läbe git, nöd fläisch und
bluet, die nützed nüüt. Was iich öi gsäit han, isch doch
Gäischt und läbe. [64] Ich wäiss es aber scho, s git settig
under öi, wo käi vertroue händ zu miir.» Jesus hät s ebe
scho vo alem aafang aa gwüsst, wèr käi vertroue ghaa
hät zuen em und wele das en dänn verraatet. [65] Drum
hät er no gsäit: «Grad wäge dèmm han iich öi gsäit,
dass käinen a mis ghäimnis anechèèm, wän em de Vat-
ter nöd de nöötig schupf gèèb.» [66] Vo doo aa sind vill vo
sine jüngere von em ewègg und nüme mit em ggange.

67 Do hät er au sini zwölf gfrööget: «Wänd iir öppe au
gaa?» 68 De Simon Petrus hät gsäit: «D U, zu wèmm
sele mer dänn? Duu häsch doch woort, wo eewigs läbe
gänd. 69 Mir händ der s glaubt und händ s begriffe, dass
du s hèèrz-stuck bisch vo Gott.» 70 Do hät Jesus zuen ene
gsäit: «Ha nöd iich öi zwölf uusgwèèlt? Und doch isch
äinen under öi, won am liebschten ales zunderobsi
bräächt?» 71 Er hät de Judas gmäint, de soon vom Simon
vo Iskariot, dèè won en dänn verratet, äine vo de zwölf.

Am laubhütte-fäscht

7 1 Nachèr isch Jesus z Galilèa umenandzoge und
nöd z Judèa, wil en deet di obere händ welen
umbringe. 2 Es isch chuurz vor em laubhüttefäscht gsii.
3 Sini brüedere händ zuen em gsäit: «Gang doch furt
vo daa uf Judèa ue, das au diini jünger gseend, was d
chasch! 4 Wèèr berüemt wott wèèrde, hät siich no nie
verschteckt. Wänn d scho öppis chasch, dänn zäig di
au!» 5 Au sini brüedere händ nöd an en gglaubt. 6 Do säit
Jesus zuen ene: «Miini ziit isch nonig choo. Für öi isch
es imer ziit. 7 Öi cha d wält nöd hasse, miich schoo. Iich
säg ere ganz offe, wie schlächt si isch. 8 Gönd iir nu a
s fäscht, iich gaane nööd! Miini ziit isch nonig choo.»
9 Wil er daas gsäit ghaa hät, isch er z Galilèa plibe. 10 Wo
dänn aber sini brüedere as fäscht sind, do isch au èèr
deet hii, nöd öffentlich, nu häimli. 11 Di obere händ en
aber gsuecht am fäscht und händ gsäit: «Wo isch er
ächt?» 12 Es hät nämli under de lüüt vill z rede ggèè wäg
imm. Di äinte händ gsäit: «Dèè isch dänn guet!» und
die andere: «Ja kä reed! Dèè füert ja d lüüt nur a de
nasen ume!» 13 Aber niemer hett sich trouet, offen use z
rede us angscht vor den obere.

14 Wo dänn öppe d helfti vom fäscht umegsii isch, do
isch Jesus in tämpel ue ggange und hät aagfange leere.
15 Di obere händ sich eeländ gwunderet und händ gsäit:

«Wisoo kännt dèè d bible soo guet, wän er doch nöd
studiert hät?» 16 Do hät Jesus zuen ene gsäit: «Was iich
leeren, isch doch nöd vo miir, iich ha s doch vo dèm,
wo mich gschickt hät. 17 Wän äine dèm sin wile tuet,
mèrkt er dänn scho, öb daas, won iich en leere, vo Gott
stammt oder vo miir sälber. 18 Wèr nu vo siich uus redt,
dèè rüemt ja nu siich sälber. Wèr aber dèè rüemt, won
en gschickt hät, dèè isch glaubwürdig, und gaar nüüt
unrächts cha mer an em finde. 19 Hät öi nöd de Moses s
gsetz ggèè? Und doch halted s e käine. Wèrum wänd er
mi dänn umbringe?» 20 Do händ s us em volch grüefft:
«Spinnsch äigetli? Wèèr wett diich scho umbringe!»
21 Druuf säit Jesus: «Iich ha nur öppis ttaa, und iir
reged öi schon uuf! 22 De Moses hät öi d beschniidig ggèè,
aber äigetli stammt si vo de vättere, und iir beschniided
en mäntsch am sabbat. 23 Wän en mäntsch am sabbat
töörff beschnitte wèèrde, ooni das me demit s gsetz
bricht, wiso reged iir öi dänn uuf, wän iich am sabbat
en ganze mäntsch gsund mache? 24 Uurtäiled doch nöd
nach em üssere schii, uurtäiled nach de grächtigkäit.»
25 Do händ iihäimischi vo Jerusalem gsäit: «Isch daas
nöd dèè, wo s am liebschten umbrèèchted? 26 Jetz lue-
ged doch emaal, dèè redt ja offen use, und niemer trout
sich öppis z säge. Händ am änd die obere sogar iigsee,
dass daas de Chrischtus isch? 27 Aber vo dèm wäiss
mer ja, won er hèèr isch. Wänn de Chrischtus chunnt,
wäiss niemer, won er hèèr isch.» 28 Jesus hät rueig wii-
ter gleert im tämpel, und luut und tüütli hät er gsäit:
«Soo, iir käned miich, und wüssed au wohèèr ich bin?
Und debii chum ich ja gaar nöd vo miir uus. Nur äine
kännt d waret über miich, dèè wo mi gschickt hät, und

dèè käned iir ja nööd. [29] Iich kän en schoo, iich chume
ja von em, und èèr hät mi gschickt.» [30] Do hetted s en
am liebschte phackt, aber niemert hät sich getrout en
aazlange, will sini ziit nonig choo isch.

[31] Vom volch händ scho vill an en gglaubt. Si händ gsäit:
«Cha dänn de Chrischtus, wän er chunnt, öppe mee
zäiche tue weder dèè?» [32] D pharisèer händ s ghöört,
wien en s volch verhandlet hät, drumm händ s zäme
mit den oberprieschter d tämpelwächter gschickt zum
en go verhafte. [33] Do hät Jesus gsäit: «Iich bi nüme lang
bin öi. Dänn gaan i zrugg zu dèm, wo mi gschickt hät.
[34] Iir sueched mi dänn und finded mi nööd. Und deet,
won ich bin, deet chöned iir nöd ane.» [35] Do händ di
obere zuen enand gsäit: «Woo wett dèè dänn hii, wo
mer en nöd finded? Wott er ächt i d diasporaa go d grie-
chen underwiise? [36] Waas mäint er au mit dèm satz: Iir
sueched mi dänn und finded mi nööd, und: Won iich
hiigaa, deet chöned iir nöd ane?»

[37] Am letschte, hööchschte taag vom fäscht isch es wasser-
schöpfe gsii im tämpel. Jesus isch au deet gstanden
und hät luut gsäit: «Wänn öpper tuurscht hät, sel er
zu miir choo go trinke. [38] Es staat ja gschribe: Wèr a
miich glaubt, us dèm sim innerschte flüüsed dänn
ganzi ströööm vo läbigem wasser.» [39] Er hät demit de
Gäischt gmäint, wo die überchèmid, won an en glau-
bed. De säb Gäischt hät s aber nonig gèè, will Jesus
nonig i d herrlichkäit verwandlet gsii isch. [40] Wo s volch
daas ghöört hät, händ s gsäit: «Daas isch ganz sicher de
Profeet!» [41] und: «Daas isch doch de Chrischtus!» Aber e

paar händ gmäint: «Sid wänn chunnt dänn de Chrisch-
tus vo Galilèa? 42 Staat s dänn nöd i de bible, das er vom
stamm vom könig David chèèm, vom stedtli Betlehem,
wo de David uufgwachsen isch?» 43 Do hät s under em
volch e spaltig ggèè wäge dèmm. 44 E paar hetted en am
liebschte verhaftet, aber si händ sich nöd an en ane
trout. 45 Do sind d tämpelwächter wider zrugg zu den
oberprieschter und zu de pharisèer ggange, und die
händ s dänn gfrööget: «Werum händ er en dänn nöd
grad mitpraacht?» 46 Do händ d tämpelwächter gsäit:
«Es hät no nie en mäntsch soo gredt wie dèè!» 47 D pha-
risèer händ ene umeggèè: «Händ iir öi öppen au no la
verfüere von em? 48 Hät dänn überhaupt emaal äine vo
den obere oder vo de pharisèer an en gglaubt? 49 Ver-
fluechts phack, wo s gsetz nöd kännt und scho gaar
nöd begriifft!» 50 Do hät ene äine von ene widerspro-
che, de Nikodemus, dèè wo säbmaal z nacht zuen em
choo isch, und hät gsäit: 51 «Sid wänn bricht dänn öises
gsetz de staab über äine, wo me no gaar nöd aagloset
hät, und bevor me wäiss, was er macht?» 52 Do händ
s em umeggèè: «Sid wänn chunnsch dänn au duu vo
Galilèa? Lis zeerscht d biblen echli gnauer, und dänn
gseesch, das niene d reed isch vom ene profeet vo Gali-
lèa!» 53 Und dänn sind s häiggange. 8,1 Und Jesus isch an
Öölbèèrg use.

Im tämpel vo Jerusalem

8 [2] Am andere morge hät mer en scho wider im
tämpel obe gsee, und ales volch isch umen ume
gstande. Do isch er abgsässe und hät si underwise.
[3] Uf äimaal händ em di schriftgleerte und d pharisèer
e frau praacht, wo me grad bim ehebruch verwütscht
hät, und händ si zmittst ie gstellt [4] und gsäit: «Mäisch-
ter, die daa hät me grad uf früscher taat bim ehebruch
verwütscht. [5] Im gsetz hät öis de Moses doch befole, e
soo äini z stäinige. Was säisch jetz duu derzue?» [6] Daas
händ s aber nu gsäit, zum en verwütsche, und dass
s öppis hebed, zum en verchlage. Do hät sich Jesus
puckt und mit em finger uf de bode gschribe. [7] Wo s
aber nöd lugg glaa händ mit fröögе, hät er uufglue-
get und gsäit: «Dèè, wo von öi käi dräck am stäcke
hät, dèè sell der eerscht stäi uf si schmäisse.» [8] Und
dänn hät er sich wider puckt und wiiter gschribe. [9] Wo
s daas ghöört händ, isch äine um der ander use, die
eltischte voraa, und èèr isch ganz eläi zrugg plibe mit
de frau, won i de mitti gstanden isch. [10] Do hät er sich
uufgrichtet und zuen ere gsäit: «Duu säg, wo sind di
andere? Hät di e käine veruurtäilt?» [11] Si hät gsäit: «E
käine, Herr.» Und dänn hät Jesus gsäit: «Dänn veruur-
täil iich di au nöd. Jetz gang und fang dis läbe ganz
nöi aa!»

[12] Nachèr hät Jesus wider mit em volch gredt und gsäit:
«I i c h b i s liecht, wo hell git i de wält. Wèr mit miir
chunnt, dèè taapet nöd im finschtren ume, will er s
liecht vom läbe gfunde hät.» [13] Do händ d pharisèer
zuen em gsäit: «Jetz redsch nu vo diir sälber. Sälber
rüeme stinkt!» [14] Do hät ene Jesus zur antwort ggèè:
«Au wän ich vo miir rede, rüem i nöd miich sälber. Iich
wäiss es doch, won i hèèr chume und won i hiigaa. Iir
wüssed s nööd. [15] Iir fèlled öji uurtäil nach em üssere,
iich uurtäilen über niemer. [16] Und wän ich scho emaal
tät richte, so isch miis uurtäil hiib- und stich-fescht,
iich fèlle s ebe nie eläi, iich richte mit dèm, wo mi
gschickt hät. [17] Au in öiem gsetz staat s gschribe, das
e züügen-uussaag vo zwee gültig seg. [18] Iich bi min
züüge, und de Vatter, wo mi gschickt hät, isch miin
züüge.» [19] Do händ s en gfrööget: «Woo isch dänn diin
vatter?» Jesus hät zuen ene gsäit: «Iir käned miich ja
gaar nöd, und au nöd min Vatter. Wän iir mich käne
wüüred, dänn wüüred iir min Vatter käne.» [20] Daas hät
er ales gsäit, won er bim opferstock im tämpel s volch
underwise hät. Niemert hät en verhaftet, will s ebe
nonig ziit gsii isch.

[21] Echli spööter hät er wider gredt und gsäit: «Glii gaan
i furt, dänn tüend er mi sueche und vor luuter eeländ
stèèrbe. Iir chöned aber nöd deet ane, won iich hiigaa.»
[22] Do händ di obere gsäit: «Wott dèè sich öppe s läbe
nèè, wil er gsäit hät, miir chèmed nöd deet ane, won èr
hiigöng?» [23] Do hät er gsäit: «Iir sind vo da une, iich vo
dobe. Iir sind vo dère wält, iich nööd. [24] Drum han ich
öi doch gsäit, das iir vor luuter eeländ stèèrbid. Wän iir

nöd glaubed, das Iich s bin, dänn stèèrbed iir im
eeländ.» [25] Do händ s zuen em gsäit: «Wèr bisch dänn
äigetli?» Do hät er gsäit: «Was red ich überhaupt no mit
öi? [26] Soo viles hett ich öi no z sägen und z erchlèère.
Dèm wo mi gschickt hät, cha mer s wüürkli glaube, und
ich säg nu, was i von em ghöört han.» [27] Aber si händ s
imer nonig begriffe, das er vom Vatter gredt hät. [28] Do
hät er gsäit: «Wän iir dänn de nöi mäntsch hööch uuf-
grichtet händ, dänn begriifed er eerscht, das Iich s
bin und nüüt vo miir uus undernimm und nu rede,
was mi de Vatter gleert hät. [29] Dè, wo mi gschickt hät,
dè bliibt scho bi miir und laat mi nie im stich, wil i nu
daas tue, won inn fröit.»

[30] Won er daas gsäit hät, händ vill an en gglaubt, sogaar
vo den obere. [31] Zu dène hät er gsäit: «Wän iir läbed vo
dèm, won ich gsäit han, dänn sind er wüürkli miini
jünger. [32] Und dänn wèrded iir s mèrke, was waret isch
und wie frei äim d waret macht.» [33] Do händ s zuen
em gsäit: «Miir sind doch d naachkome vom Abraham
und no vo gaar niemerem sklaave gsii. Wiso chasch du
dänn säge, das miir s eerscht no mèrkid, wie frei äim
d waret macht?» [34] Do hät Jesus gsäit: «Gott gseet s esoo,
wien iich s öi säge: Jede wo sündiget, isch de sklaav vo
dèm, won er tuet. [35] En sklaav cha men äifach furt jage,
de soon nie. Dèè chan amene sklaav sogaar d freihäit
gèè. [36] Und dèm, won er si git, dèè isch dänn ganz frei.
Und wän er si öi git, sind au iir frei. [37] Ich wäiss es doch,
das iir d naachkome vom Abraham sind. Aber es laat
öi ja chalt, was ich öi säge, drum wetted iir miich am
liebschten umbringe. [38] Und debii red ich ja nu vo dèm,

won ich bim Vatter gsee han. Tüend doch au iir, was iir vo öiem vatter ghöört händ!»

39 Do händ s em umeggèè: «Öise vatter isch der Abra-
ham!» und Jesus säit: «Wän iir scho d chind vom Abra-
ham sind, dänn tüend doch au, was èèr ttaa hät! 40 Aber
iir wetted mi ja am liebschten umbringe, und debii
han i nu d waret gsäit, won i vo Gott ghöört han. Daas
hett der Abraham nöd gmacht. 41 Was iir daa tüend,
stammt vom en andere vatter.» Do händ s gsäit: «Miir
sind käi Huerebuebe, mir händ nu ä i n vatter, Gott.»
42 Daa druuf hät Jesus gsäit: «Wän öie vatter wüürkli
Gott wèèr, dänn hetted iir au miich genau gliich gèrn.
Iich bi doch vo Gott dahère choo, und nöd vo miir uus,
èèr hät mi gschickt. 43 Werum begriffed iir dänn nööd,
was ich öi gsäit han? Wil iir mini loogik nöd begriife
chönd! 44 Si isch öi z äifach. Öi gfallt daas, wo kompli-
ziert isch, besser, grad wien öiem vatter, won imer
ales z underobsi bringt. Was dèè gluschtet, gluschtet
doch au öi. Eèr isch vo aafang aa en mörder gsii, und
d waret hät er gaar nöd möge liide. No nie hät d waret
öppis z sueche ghaa bi dèm, und wän er gloge hät,
dänn isch es em vo hèèrze choo. Und sini söön sind au
nöd besser, die lüüged au wie truckt, wien ihre vatter.
45 Nu wil ich d waret säge, glaubed iir miir nööd. 46 E
sünd naawiise, cha mir äine daas von öi? Und wän ich
d waret säge, werum glaubed iir miir nööd? 47 Wèr vo
Gott stammt, dèè mag doch verliide, was Gott säit. Iir
aber möged s nöd verliide, wil iir nöd vo Imm absch-
tamed.»

48 Do händ di obere zuen em gsäit: «Hä miir nöd rächt,
wä miir behaupted, du segsch en Samaritaner, und
segsch psässe vom e bööse gäischt?» 49 Jesus hät druuf
gsäit: «Iich ha nüüt mit bööse gäischter z tue, iich tue
nu min Vatter reschpektiere, und iir händ für miich
nu verachtig übrig. 50 Iich sueche doch nöd miini eer,
en anderen isch es, wo si suecht für miich und drüber
tuet befinde. 51 Gott gseet s esoo, wien iich s öi säge: Wèr
sich uf miini woort iilaat, dè mues em tood nie mee i
d auge luege.» 52 Do händ die obere zuen em gsäit: «Jetz
hä mer s aber gmerkt, dass du psässe bisch. Der Abraham isch gstoorbe und au d profeete, und duu bhauptisch, wèr sich uf diis woort iilös, dè mües em tood nie
mee i d auge luege. 53 Bisch du öppe gröösser als öise
vatter Abraham, wo gstoorben isch? Und au d profeete
sind doch gstoorbe. Waas bildsch der duu dänn ii?»
54 Do hät Jesus gsäit: «Gèèb iich mer sälber d eer, dänn
wèèr si gaar nüüt wèrt. Miin Vatter isch es, wo mi eert,
dèè, won iir von em säged, èèr seg öie Gott. 55 Iir händ
en nöd begriffe, iich kän en schoo. Und wän ich säge
wüür, ich käni inn nööd, dänn wüür i ja lüüge, wien iir.
Aber iich kän en, und uf siis woort han i mich iiglaa.
56 Öie vatter Abraham isch dänn glückli gsii, das er dèè
taag töörfi gsee, won iich chèm. Und er hät en erläbt
und sich gfröit.» 57 Do häts es verjaggt, und si händ
gsäit: «Jetz lueged dèè, isch nonig emaal füfzgi und hät
scho der Abraham gsee!» 58 Aber Jesus hät gsäit: «Iir
chönd druuf gaa, was iich öi säge: Iich bi scho gsii
vor em Abraham.» 59 Do händ s stäi uufgläse zum en
zämeschlaa. Aber Jesus hät sich puckt und isch zum
tämpel uus.

Am sabbat

9 1 Im verbiigaa hät èr äine gsee, wo vo geburt aa
blind gsii isch. 2 Do händ en sini jünger gfrööget:
«Rabbi, wèr isch dänn gschuld draa, dass dè blind gebo-
ren isch? Eèr oder sini eltere?» 3 Jesus hät gsäit: «Daa
isch niemer gschuld draa, èèr nööd und au sini eltere
nööd. Gott wott öis an em zäige, wien Èèr daa isch under
öis und ales nöi macht. 4 Miir müend au mitschaffen a
dèm nöie, solang s no taag isch. Es wiird glii nacht, wo
niemer mee cha schaffe. 5 Solang iich i de wält bin, gib
iich ire hell.» 6 Won er das gsäit ghaa hät, hät er uf de
bode gspöizt und mit dèm spöiz es täiggli gmacht und
em daas uf d auge gstriche. 7 Und dänn hät er zuen em
gsäit: «Gang s jetz go abwäsche im weier vo Schiloach!»
(Schiloach häisst übersetzt: Dèè, wo me gschickt hät.)
Dèè isch ggange und hät sich gwäsche, und won er
vom weier ewägg isch, hät er gsee. 8 Do händ d naach-
bere und die, won en vorhèèr gsee händ bättle, gsäit:
«Isch jetz daas nöd dèè, wo daa gsässen isch und pättlet
hät?» 9 Di äinte händ s beschtètiget und gsäit: «Eèr isch
es doch!» Anderi händ gmäint: «Ja wohèèr, dèè gliicht
em nu!» Eèr sälber hät gsäit: «Iich bi s!» 10 Do händ s en
gfrööget: «Wie sind der dänn d augen uufttaa woorde?»
11 Eèr hät gsäit: «De säb, wo Jesus ghäisst, dèè hät es
täiggli gmacht und hät mer s dänn uf d auge gstriche,
und dänn hät èr gsäit: Gang s jetz go wäschen an weier

vo Schiloach. Doo bin i ggange, ha mi gwäsche und ha
gsee.» 12 Do händ s zuen em gsäit: «Wo isch er jetzt?»
Und èr säit: «Ich wäiss doch nöd!»

13 Und dänn händ s en zu de pharisèer praacht, dèè wo
vorhèèr blind gsii isch. 14 Es isch nämli sabbat gsii, wo
Jesus das täiggli gmacht hät und em demit d augen
uuftaa hät. 15 Jetz händ en au d pharisèer nomaal gfröö-
get, wisoo das er jetz gsèch. Und èr hät zuen ene gsäit:
«Er hät mer es täiggli uf d auge gstriche, dänn han i
s abgwäsche, und jetz gseen i.» 16 Do händ e paar pha-
risèer gmäint: «Dèè mäntsch chunnt nöd vo Gott, dèè
haltet ja de sabbat nööd!» Anderi händ gsäit: «Wie
chönnt dänn aber en sündige mäntsch settigi zäiche
tue?» Sie sind ganz gägetäiliger mäinig gsii. 17 Do händ
s de blindi gfröögetː «Was haltisch dänn duu von em,
das èr der d augen uufttaa hät?» Und èèr hät gsäit: «Dèè
isch doch en profeet!» 18 Aber di obere händ em nöd
emaal gglaubt, das er blind gsii seg und jetz gsèch, bis s
sini eltere grüeft händ. 19 Und die händ s gfröögetː «Isch
daas würkli öie soon, wo me von em säit, er seg blind
geboore? Wisoo gseet dèè jetz uf äimaal?» 20 Do händ
d eltere zuen ene gsäit: «Mir wüssed dänk, dass daas
öise soon isch, und das er blind geboore worden isch.
21 Miir händ aber e käi aanig, werum er jetz uf äimaal
gseet, und wüssed au nööd, wèèr em d augen uufttaa
hät. Frööged inn doch sälber, er isch ja alt gnueg zum
sälber uuskumpft gèè.» 22 Daas händ d eltere nu gsäit,
wil s angscht ghaa händ vor den obere. Die händ nämli
scho abgmacht ghaa, wän äine Jesus für de Chrischtus
halti, das mer en dänn vo de synagoogen usschlüüsse

wüürdi. [23]Nu wäge dèm händ d eltere gsäit, er seg alt
gnueg zum sälber uuskumpft gèè. [24]Und dänn händ s
dè maa, wo blind gsii isch, zum zwäite maal zittiert und
zuen em gsäit: «Gib is vor Gott nomaal antwort! Miir
sind sicher, dass dè mäntsch, wo diir d augen uufttaa
hät, en sünder isch. Waas mäinsch duu?» [25]Do hät er
gsäit: «Iich wäiss es nööd, öb dèè en sünder isch. Aber
ä i s isch sicher, das i blind gsii bin und jetz gsee.» [26]Do
händ s gsäit: «Was hät er dänn mit der gmacht? Wie hät
er der d augen uufttaa?» [27]Do hät er umeggèè: «Ich ha
s öi ja scho gsäit! Aber iir losed ja nööd! Was wänd er s
dänn nomaal ghööre? Wänd er öppen au no sini jünger
wèèrde?» [28]Do händ s en uusgfötzlet und gsäit: «Duu
bisch dèm sin jünger! Miir sind em Moses sini jünger.
[29]Dass Gott mit em Moses gredt hät, daas wüsse mer
ganz sicher, aber vo dèm wüssed mer nöd, won er hèèr
isch.» [30]Do hät ene dè maa gsäit: «Daas isch jetz gspäs-
sig, das iir nöd wüssed, won er hèèr isch, und debii
hät èr mir d augen uufttaa. [31]Me wäiss doch, dass Gott
nöd uf d sünder loset und nu uf dèè, won inn vereert
und au sin wile tuet. [32]Sid eewige ziite hät me no nie
vernoo, das äine eme blindgeborene d augen uufttaa
hät. [33]Chèèm dèè nöd vo Gott, so brèècht er überhaupt
nüüt z stand.» [34]Do händ s zuen em gsäit: «Waas – duu
wotsch öis beleere? Duu bisch ja scho vo gebuurt aa
ganz vercheert gwicklet!» Und dänn händ s en furt-
gjagd.

[35]Jesus hät s vernoo, dass s en usegrüert händ us em
tämpel. Und won er en aatroffe hät, do hät er zuen em
gsäit: «Duu säg, glaubsch du an nöie mäntsch?» [36]Dèè

säit: «D U, säg, wèèr isch es, das ich an en glaube chan?»
37 Do hät Jesus zuen em gsäit: «Häsch en ja scho gsee, dè
wo mit der redt, dèè isch es.» 38 Do isch er vor em grad
uf gchnüü und säit: «D U, diir glaub i s!» 39 Und dänn hät
Jesus zuen em gsäit: «Iich bin i d wält choo zum e krii-
sen uuslööse, dass die, wo nüüt gseend, wider gseend,
und dass die, wo gseend, blind wèèrded.» 40 Daas händ
e paar pharisèer ghöört, won i der nööchi gstande sind.
Die händ zu Jesus gsäit: «Sind öppen au miir blind?»
41 Jesus säit: «Wèèred iir blind, dänn wèèred iir nöd
gschuld. Aber iir säged ja, iir gsèchid, drum müend er
au uuslöffle, was er öi iiprocket händ.»

Am tämpelwei-fäscht

10 1 «Iir chönd druuf gaa, was iich öi säge: Wèr
nöd zur tüüren iegaat in schaaff-pferch und vo
hine über d muur ieschtiigt, dèè isch en schelm und en
röiber. 2 Dèè won aber zur tüüren iegaat, daas isch de
schaaffhirt. 3 Dèm tuet de tüür-hüeter uuf, und d schaaff
losed uf siini stimm, wän er ire name rüefft, und dänn
füert er si use. 4 Und wän er ali dusse hät, dänn gaat èèr
ene voruus, und d schaaff chömed hinder em drii. Si
käned ja sini stimm. 5 Emen e frömde lauffed s nöd naa,
dèm räned s devoo. E frömdi stimm käned s ja nööd.»
6 I som en e rätselhafte bild hät Jesus zum volch gredt.
Aber si händ s nöd begriffe, was es het sele bedüüte.
7 Wäge dèm isch Jesus gliich wiitergfaare und hät gsäit:
«Gott gseets esoo, wien iich s öi säge: Iich bi d tüüre
zu de schaaff. 8 All vor miir sind schelme gsii und röi-
ber. Aber d schaaff händ nöd uf s gloset. 9 Iich bi d
tüüre. Wèèr dur miich iegaat, wiird grettet. Dèè chan
ie und usegaa, und imer findet dèè e wäid. 10 En schelm
chunnt nu cho stäle, metzgen und verdèèrbe. Iich bi
choo, dass s z läbe händ im überfluss.

11 Iich bi de rächti hirt. De rächt hirt setzt sis läben ii
für d schaaff. 12 Dèè wo s nu hüetet wägem loon und nöd
wil d schaaff sis äige sind, dèè laat s im stich, wän èr en
wolf gseet choo, und rännt devoo. De wolf riisst dänn e

paar, und d hèèrde jagd er usenand. 13 E säbem hirt gaat
s um de loon, und d schaaff die sind em gliich. 14 Iich
bi de rächti hirt und käne mini schaaff, und sii käned
au miich, 15 grad soo wien iich de Vatter käne und èr
miich. Iich setze halt miis läben ii für d schaaff. 16 Ich
ha no anderi schaaff, die sind nöd us dèm pferch. Au
die mues i go usefüere, und die losed au uf mini stimm.
Dänn wiird us allne zäme äi groossi hèèrde mit äim
hirt. 17 De Vatter hät mich drum so gèèrn, wil ich mis
läbe gibe, zum s dänn wider überchoo von imm. 18 Gaar
niemer cha mer s läbe nèè, ich gib es sälber, ganz vo
miir uus. Ich ha s rächt zum s gèè, und au s rächt zum
s wider nèè. Die uufgaab han ich vo mim Vatter über-
choo.»

19 Jetz hät s wäge dèm under den obere wider e spaltig
ggèè. 20 Und zwaar händ en huuffe gsäit: «Dèè isch doch
vom ene bööse gäischt psässe und spinnt. Was losed iir
überhaupt no uf en!» 21 Anderi händ gsäit: «Soo redt
käin spinner. Oder chan öppe en bööse gäischt emen
e blinde d augen uuftue?» 22 Z Jerusalem händ s doo
grad s tämpelwei-fäscht gfiiret. S isch winter gsii, 23 und
Jesus isch im tämpel hiin und hèèr gloffe, i der süüle-
hale vom Salomo. 24 Do händ en di oberen iigkräiset
und zuen em gsäit: «Wie lang wotsch is äigetli no im
ungwüsse laa? Wänn d würkli de Chrischtus bisch, so
säg s grad use!» 25 Do hät Jesus zuen ene gsäit: «Ich
has öi ja gsäit, und iir glaubed mer s nööd. Was ich im
uuftraag vo mim Vatter ttaa han, daas redt doch tüütli
gnueg für miich. 26 Iir wänd s nu äifach nöd für waar
haa. Iir ghööred nöd zu miine schaaff. 27 Miini schaaff,

die losed scho uf mini stimm. Iich käne si und sii miich
au, drumm lauffed s miir au naa. 28 Ich gib ene dänn
eewigs läbe, und eewig chömed s nümen umm, und
niemer cha si miir ewègg nèè. 29 Miin Vatter, wo mer
s ggèè hät, isch vill stèèrcher weder jeden ander. Imm
cha si niemer mee ewègg nèè. 30 Iich und de Vatter
hebed zäme.»

31 Do händ di obere wider stäi gholt zum en stäinige.
32 Jesus isch aber staa plibe und hät gsäit: «Ich han öi
soo vill z lieb ttaa im uuftraag vo mim Vatter. Wäge
waas vo dèm wänd iir miich stäinige?» 33 Do händ di
oberen umeggèè: «Mir wänd dich doch nöd stäinige
wäg dèm, wo du öis z lieb ttaa häsch, nu will d glèsch-
teret häsch. Du machsch di ja zu Gott und bisch au nu
en mäntsch!» 34 Jesus hät zuen ene gsäit: «Staat s dänn
nöd i öiere bible: Iich ha gsäit, iir seged götter? 35 Wänn
d bible die scho götter ghäisst, wo Gott nu aaredt i siim
woort, – und me cha ja nöd rückgängig mache, was deet
staat – 36 wie chöned iir dänn säge, dèè lèschteri, wo de
Vatter sälber us sim innerschte i d wält gschickt hät,
wil ich gsäit ha, ich seg en Soon vo Gott? 37 Wän iich nöd
s gliich tue wie de Vatter, dänn glaubed miir nu nööd.
38 Wän iich s aber tue, so glaubed s doch, nöd wäge miir,
nu wäge dèm, won ich ttaa han under öi. Dänn erfassed
und begriifed iir, dass de Vatter mit mir isch und iich
mit I M M.» 39 Do händ s en wider wele phacke. Er isch
ene aber vertwütscht 40 und uf die ander siite vom Jor-
dan ggange, deet hii, wo de Johannes z eerscht ttaufft
hät, und deet isch er plibe. 41 Aber es sind em en huuffe
naagloffe, und die händ gsäit: «De Johannes hät scho

käi settigi zäiche ttaa wien èèr, aber was er über inn
gsäit hät, daas isch ales waar gsii.» 42 Und mänge hät
deet an en gglaubt.

Am graab vom Lazarus

11 1 Z Betanie isch äine chrank gsii, de Lazarus, de
brüeder vo de Maria und de Marta. 2 D Maria
isch die gsii, wo dè choschtbaar balsam über d füess
vo Jesus glèèrt hät und si dänn abtröchnet hät mit ire
haar. Dèren ire brüeder isch chrank gsii. 3 Do händ die
beede schwöschtere öpper zuen em gschickt und händ
em la säge: «D U, chumm lueg, dè wo du gèèrn häsch,
dèè isch chrank!» 4 Wo Jesus daas ghöört hät, hät er
gsäit: «Die chranket füert nöd zum tood, die dient zur
eer vo Gott, und au de Soon vo Gott erschiint dänn im
e nöie liecht.» 5 Jesus isch nämli mit de Marta und irer
schwöschter und em Lazarus guet befründet gsii. 6 Wo
Jesus vo dère chranket ghöört hät, isch er no zwee tääg
am gliichen oort plibe. 7 Und eerscht dänn hät er zu de
jüngere gsäit: «Soo, jetz wä mer wider zrugg uf Judèa!»
8 Do säged d jünger zuen em: «Rabbi, deet händ di doch
di oberen eerscht grad wele stäinige, und jetz wotsch
scho wider deet hii?» 9 Jesus säit: «Hät en taag nöd zwölf
stunde? Wèr am taag umelaufft, dèè stüürchlet nööd,
èr gseet ja s liecht, wo der wält hell gitt. 10 Wèr aber z
nacht umelaufft, dèè stüürchlet, will s liecht nöd in em
sälber isch.» 11 Soo koomisch hät er gredt. Und dänn hät
er zuen ene gsäit: «Öise fründ Lazarus isch iigschlaaffe,
aber ich gaan en jetz go wecke.» 12 Do händ d jünger
zuen em gsäit: «D U, wän er nu iigschlaafen isch, dänn

wiird er scho wider gsund.» 13 Aber Jesus hät doch vo
sim tood gredt, nu d jünger händ gmäint, èr heb vom
iischlaaffe gredt. 14 Do hät s ene Jesus graad use gsäit:
«De Lazarus isch gstoorbe, 15 und iich bi ganz froo für
öi, das ich nöd deet gsii bin, so chönd er äntli glaube.
So, chömed, mer wänd zuen em!» 16 Do hät de Tomas –
mängisch händ s em au Didimus gsäit – zu den andere
jünger gsäit: «Chömed, miir gönd au, dänn stèèrbe mer
wenigschtens all mitenand!»

17 Wo Jesus deet aachoo isch, hät er vernoo, dass de Laza-
rus scho vier tääg begrabe seg. 18 Betanie isch nööch bi
Jerusalem gsii, nu öppe drei kilometer devoo. 19 Drumm
sind vill lüüt zu de Marta und zu de Maria choo, zum si
go trööschte wäg em brüeder. 20 Wo d Marta ghöört hät,
dass Jesus chèm, do isch si em entgäge ggange. D Maria
isch dehäime plibe. 21 D Marta hät zu Jesus gsäit: «Ach
D U, wèèrisch du daagsii, dänn wèèr min brüeder nöd
gstoorbe. 22 Aber ich bi sicher, Gott git dir scho, um was
d en bittisch.» 23 Jesus säit zuen ere: «Eèr uuferschtaat,
din brüeder.» 24 D Marta säit: «Ich wäiss es scho, das èr
uuferschtaat, dänn bi der uuferschtehig am jüngschte
taag.» 25 Jesus säit zuen ere: «I i c h b i d uuferschtehig
und s läbe. Wèr a miich glaubt, dèè läbt, au wän er sti-
irbt. 26 Und wèr läbt und a miich glaubt, stiirbt eewig
nie. Glaubsch du daas?» 27 Do säit si zuen em: «Jaa, D U,
ich glaube s, dass duu de Chrischtus bisch, de Soon vo
Gott, won i d wält sell choo.» 28 Und dänn, wo si das gsäit
ghaa hät, isch si ewègg gange und hät de schwöschter
grüefft und ere zuegflüschteret: «De mäischter isch
daa und laat di rüeffe.» 29 Und die, wo si das ghöört hät,

isch sofort uufgschtande und uf de wääg zuen em use.
30 Jesus isch aber nonig im doorf gsii, imer no deet,
won em d Marta verchoo isch. 31 Wo di obere, wo choo
sind zum si tröösschte, gmèrkt händ, dass d Maria uuf-
gschtanden und ewègg gränt isch, sind s sofort hinder
e naa i de mäinig, si seg a s graab go briegge.

32 Wo d Maria zu Jesus choo isch und en gsee hät, isch
si em grad vor d füess gfale und hät gsäit: «Ach D U,
wèèrisch duu daagsii, dänn wèèr min brüeder nöd
gstoorbe!». 33 Wo si Jesus gsee hät briegge und au di
obere, wo mit ere choo sind, priegget händ, do hät s en
gschüttlet bis z innerscht vor zorn, 34 und er hät gsäit:
«Wo händ er en hiigläit?» Si händ zuen em gsäit: «D U,
so chumm und lueg!» 35 Und deet hät s dänn au Jesus
übernoo. 36 Do händ di obere gsäit: «Daa gseend er s,
wien er en gèèrn ghaa hät!» 37 E paar händ sogar gmä-
int: «Er hät doch em blinde d augen uufttaa, hett er jetz
nöd chöne mache, dass dè nöd het müese stèèrbe?»
38 Do hät s Jesus nomaal gschüttlet vor luuter zorn,
und er isch as graab ane. Daas isch e hööli gsii mit
eme groosse stäi devoor. 39 Jesus säit: «Lupfed dè stäi
ewègg!» D Marta, d schwöschter vom verschtoorbene,
säit zuen em: «D U, er stinkt ja scho, es isch scho vier
tääg sider.» 40 Jesus säit zuen ere: «Han i der nöd gsäit,
wän d glaube tèètsch, dänn töörftisch öppis vo der
herrlichkäit vo Gott gsee?» 41 Do händ s de stäi ewègg
glupft, und Jesus hät zum himel ueglueget und gsäit:
«Vatter – tanke vill maal, dass duu mi ghöörsch. 42 Ich
ha s ja gwüsst, dass duu mi imer ghöörsch und antwort
gisch. Ich ha s nu wäg dèm volch gsäit, wo so hilfloos

umenandschtaat, dass s äntli glaube chönd, dass duu
mi gschickt häsch.» 43 Und dänn hät er luut is graab
iegrüefft: «Lazarus – chum use!» 44 Do isch de tooti
usechoo, no iigwicklet mit binden um d händ und d
füess, und um s gsicht isch no s schwäiss-tuech punde
gsii. Jesus säit zuen ene: «Nämed em das züüg ewègg
und lönd en frei la lauffe!» 45 Vo doo aa händ vill vo den
obere, wo zur Maria choo sind, an en gglaubt, will s säl-
ber gsee händ, was er ttaa hät. 46 Es sind aber au e paar
von ene zu de pharisèer ggange und händ ene grad ver-
zellt, was Jesus wider ttaa hät.

47 Sofort händ d oberprieschter und d pharisèèr e sit-
zig vom hööche raat iiberueffe und händ gsäit: «Und
jetz, was mache mer? Dèè mäntsch tuet soo vill zäiche.
48 Lömer en soo wiitermache, dänn glaubt z letscht no
ales an en. Und dänn chömed d Römer, und nämed
is öisi rächt ewègg uf de häilig oort und uf s volch.»
49 Aber äine von ene, de Kajafas, won i säbem jaar de
hööchschti prieschter gsii isch, hät zuen ene gsäit: «Iir
kapiered au gaar nüüt! 50 Iir wüüred nöd draa tänke, das
es für öis gschiider wèèr, wän ä i n e stiirbt für ali, und
nöd s ganz volch z grund gaat.» 51 Das hät er aber nöd vo
siich uus gsäit. Er isch de hööchschti prieschter gsii säb
jaar und hät voruusgsee, das Jesus müesi stèèrbe für s
ganz volch, 52 nöd nu für die im land, au für die, won i
de ganze wält verschtröit sind, das er ali wider zäme
bringi als chind vom gliiche Gott. 53 Vo dèm taag aa sind
s entschlosse gsii, Jesus umzbringe. 54 Aber vo doo aa
isch Jesus nümen öffentlich umenand gloffe. Er isch
ewègg vo deet und i d geget vo de wüeschti ggange, in e

stadt, wo Efraim ghäisse hät. Und deet hät er sich mit
sine jüngeren uufghalte. 55 Wil aber scho glii s passa-
fäscht cho isch, sind d lüüt vom ganze land uf Jerusa-
lem uepilgeret zum sich go voorberäite. 56 Deet händ
s Jesus gsuecht und zuen enand gsäit, wo s enand im
tämpel troffe händ: «Was tunkt öi, chunnt er ächt nöd a
s fäscht?» 57 D oberprieschter und d pharisèer händ ebe
scho en befeel useggèè, me söl en sofort aazäige, wä
mer wüssi, won er seg, dass s en chönid verhafte.

I der letschte wuche

12 1 Sächs taag vor em passa-fäscht isch Jesus uf
Betanie choo, wo de Lazarus gwonnt hät. Dèè
hät er ja vo de tooten uuferweckt. 2 Deet händ s Jesus
es fäscht-ässe ggèè, und d Marta hät uufträit und de
Lazarus isch au am tisch gsii. 3 Do hät d Maria e gan-
zes pfund ächte, choschtbaare narde-balsam gnoo und
demit d füess vo Jesus iibalsamiert und em s dänn mit
ire haar abtröchnet. S ganz huus hät gschmöckt devoo.
4 Do säit de Judas Iskariot, äine vo de jüngere, dèè won
en dänn verraatet: 5 «Dè balsam hett mer au gschiider
für dreihundert silbermünze verchaufft und s dänn den
aarme ggèè.» 6 Das hät er aber nöd gsäit, wil em di aar-
men am hèèrze gläge wèèred. Er hät s nu gsäit, wil er
en schelm gsii isch und über d kassen isch, wänn s em
passt hät. 7 Do hät Jesus gsäit: «Laa si doch la mache!
Si hät dè balsam doch uufgschpaaret für de taag vo
minere beèrdigung. 8 Di aarme händ er ja imer um öi,
miich aber nööd.» 9 En huuffe volch hät s gmèrkt, das
Jesus deet gsii isch. Aber si sind nöd nu wägen imm
choo, vill mee wägem Lazarus. Dèè händ s wele gsee,
wil er en vo de tooten uuferweckt hät. 10 D oberpriesch-
ter hingäge händ pschlosse, au de Lazarus umzbringe.
11 Wäge dèm sind ja au vill oberi deet useggange und
händ a Jesus gglaubt.

12 Am andere taag, wo s volch huuffe-wiis zum fäscht
choo isch und ghöört hät, das Jesus uf Jerusalem
chèm, 13 händ s palm-zwiig gnoo, sind em demit ent-
gäge ggange und händ grüefft: «Hosianna! Mer rüemed
dèè, wo chunnt im uuftraag vo I M M und könig wiird
vo Israel!» 14 Jesus hät es eseli gfunde und isch druuf
gsässe, grad esoo wie s scho gschribe staat (bim pro-
feet Sacharia): 15 «Heb doch käi angscht, tochter Zion!
Lueg, daa chunnt èr z riite, din könig, uf eme füli vom
en esel.» 16 Daas händ sini jünger doo nöd begriffe,
eerscht dänn wo Jesus i sinere ganze herrlichkäit vor
ene gstanden isch, doo isch s ene wider in sinn choo,
dass daas ja ales vo imm gschribe seg, und das es
genau soo passiert isch. 17 S volch, wo mit em zogen
isch, hät s beschtètiget, das èèr s gsii seg, wo de Laza-
rus zum graab usegrüefft und vo de toote uuferweckt
hät. 18 Drum isch em s volch ja au entgägeggange, wil s
ghöört ghaa händ, èèr heb das zäiche ttaa. 19 Do händ d
pharisèer zuen enand gsäit: «Daa gseend er s, das me
nüüt cha mache! Di ganz wält laufft em naa!»

20 Under dène, won as fäscht pilgeret sind, häts au e
paar Grieche ghaa. 21 Die händ sich an Philippus ane-
gmacht, wo vo Betsaida gsii isch, und händ en gfrööget:
«Duu, mer hetted gèrn Jesus gsee.» 22 De Philippus isch
es em Andreas go säge, und dänn sind s mitenand zu
Jesus und händ em s verzellt. 23 Do säit Jesus zuen ene:
«Jetz isch es so wiit, das me de nöi mäntsch i sim waare
liecht cha gsee. 24 Iir chönd druuf gaa, was ich öi säge:
Wän es wäizechorn nöd under de bode chunnt und
deet stiirbt, dänn bliibt s eläi, und s gscheet nüüt. Wänn

s aber stiirbt, dänn bringt s vill frucht. [25]Wèr a sim läbe
hanget, dèè verlüürt s, und wèr em nüüt dernaafrööget
i dère wält, dèè chunnts für eewig wider über. [26]Wän
äine miir wott biischtaa mit sim läbe, dänn sel er mit
mer choo, und deet, won iich bin, töörff èr dänn au
sii. Wèr mir biischtaat mit sim läbe, dèè isch bim Vat-
ter hööch in eere. [27]Und jetz – ich bi ganz uufgwüelt
bis i s innerscht. Waas söl i au mache? Sel i zum Vat-
ter säge: Erschpaar mer die prüeffig? Aber wäg dère
bin i ja choo. Ich säge lieber: [28]Vatter, wän jetz nu dur
ales dure diini nööchi lüüchtet.» Do hät e stimm vom
himel ttöönt: «Ich ha si scho la durelüüchte, und ich
laa si wiiter durelüüchte.» [29]S volch, wo debii-gstanden
isch, hät s ghöört und gsäit, es heb tunneret. Anderi
händ gsäit: «En ängel hät zuen em gredt.» [30]Jesus hät
zuen ene gsäit: «Nöd wäge miir isch die stimm choo, nu
wägen öi. [31]Jetz chunnt e kriisen über d wält. Jetz wiird
er usegschtellt, de regännt vo dère wält. [32]Und wänn s
miich über dèren èèrde hööch uufgrichtet händ, dänn
zien ich all i miini nööchi.» [33]Daas hät er gsäit zum
aadüüte, wien er müesi stèèrbe.

[34]Jetz hät s volch gsäit: «Miir händ doch us de bible ver-
noo, de Chrischtus läbi eewig. Wie chasch dänn duu
behaupte, de nöi mäntsch müesi am e chrüüz uufgrich-
det stèèrbe? Wèr isch dänn daas, de nöi mäntsch?» [35]Do
hät Jesus zuen ene gsäit: «S liecht isch nüme lang bin öi.
Gönd, solang s hell isch, bevor öi d tünkli überrumplet.
Wèr im tunklen umelaufft, wäiss nöd, won er ane-
trampet. [36]Vertroued uf s liecht, solang er s händ, dänn
wèrded er chind vom liecht.» Esoo hät Jesus gredt, und

dänn isch er von ene ewègg und hät sich verschteckt
vor ene. 37 Es isch scho koomisch: soo groossi zäiche hät
Jesus vor ene ttaa, und doch händ s nöd an en gglaubt.
38 Jetz hät sich daas erfüllt, wo de profeet Jesaja gsäit
hät: «O D U, wèèr hät öisere predig gglaubt? Und wèèr
hät s gsee, wie D U iiggriffe häsch mit starken Èèrm?»
39 Si händ s nöd chöne glaube. Au daas hät de Jesaja
scho voruus-gsäit: 40 «Èèr hät ene d auge pländet und s
hèèrz verschtockt, dass s nüüt gsèchid mit irnen auge
und nüüt gspüürid mit irem hèèrz, dass sich au niemer
änderi und iich si chönnti häile.» 41 Daas hät de Jesaja
nu chöne säge, wil er siini herrlichkäit scho gsee hät
durelüüchte. Drum hät er scho chöne von imm rede.

42 Und trotzdèm hät doch scho mänge vo den ober-
prieschter an en gglaubt, nu händ s sich nöd getrout
derzue z staa wäg de pharisèer, suscht wèèred s uus-
gschlosse woorden us de synagoge. 43 S aaseeè vor de
lüüt isch ene vill wichtiger gsii weder s aaseeè vor Gott.
44 Drumm hät Jesus luut und tüütli gsäit: «Wèr a miich
glaubt, dèè glaubt nöd nu a miich, èr glaubt dèm, wo
mi gschickt hät au. 45 Und wèr miich gseet, dèè gseet
au inn. 46 Iich bi doch wien es liecht i d wält choo, das
jede wo mir glaubt, nöd lenger mues im tunkle bliibe.
47 Wän äinen uf daas loset, won ich säge, und sich dänn
gliich nöd da draa haltet, so veruurtäil iich en nööd.
Ich bi nöd choo zum d wält verdame, zum si rette, bin i
choo. 48 Wèr miich ableent und nöd aanimmt, was iich
em säge, dèè hät scho sälber gfunde, wèr en richdet:
säb woort, won iich em gsäit han, wiird en richten am
jüngschte taag. 49 Iich ha ja nöd vo miir uus gredt. De

Vatter, wo mi geschickt hät, hät mer gsäit und uufträit,
was i rede söll. 50 Und iich bin überzüügt, dass daas, won
èèr mer uufträit hät, scho eewigs läbe bringt. Drumm
säg ich ales ganz genau esoo, wie s mir de Vatter sälber
gsäit hät.»

Am tisch, zum letschte maal

13 1 Vor em passa-fäscht, wo Jesus gmèrkt hät,
das es jetz sowiit isch zum Vatter zrugg z gaa
vo dère wält, do hät er siini liebi sini fründ la gspüüre
bis a s änd. 2 Si händ scho aagfange znacht-ässe. Und
de verfüerer hät s em Judas Iskariot scho a s hèèrz
gläit ghaa, Jesus go z verraate. 3 Do isch Jesus uufgsch-
tande vom tisch – er hät ja scho gwüsst, das em de
Vatter ales i d hand ggèè hät, und das er vo Gott choo
isch und wider zu Gott zrugg gaat – 4 und hät sini chlä-
ider abzoge und sich e liinigs tuech umepunde wien
en schuurz. 5 Dänn hät er wasser in es becki glèèrt
und aagfange, de jüngere d füess wäsche und mit em
tuech abtröchne, won er umepunde ghaa hät. 6 Wo de
Simon Petrus draachunnt, säit dè zuen em: «Waas, D U
wotsch miir d füess wäsche?» 7 Do gitt em Jesus zur ant-
wort: «Du begriiffsch jetz nonig, was ich mache, aber
spööter verschtaasch es dänn schoo.» 8 Do säit de Pet-
rus zuen em: «S chunnt nöd i fraag, das mer duu d füess
wäschisch!» Jesus säit: «Wän ich si dir nöd wäsche,
dänn ghöörsch ja nöd zu miir.» 9 Do säit de Simon Pet-
rus zuen em: «D U, wänn das soo isch, dänn nöd nu d
füess, au d händ und s gsicht!» 10 Jesus säit zuen em:
«Wèr scho padet isch, mues nu no d füess wäsche, suscht
isch er scho suuber. Daas sind iir doch, nu nöd ganz
ali.» 11 Er hät sin verrèèter ebe scho gkännt. Drumm

hät er gsäit: Iir sind nöd ali suuber. [12]Won er dänn
allne d füess gwäsche hät, do hät er d chläider wider
aagläit und isch an tisch gsässe. Und dänn hät er zuen
ene gsäit: «Verschtönd er, was ich an öi ttaa han? [13]Iir
säged zu miir «DU» und «MÄISCHTER», und iir
händ au rächt, ich bi s ja au. [14]Wän aber iich öi d füess
scho wäsche, iich, de herr und mäischter, dänn sötted
doch au iir enand das tue. [15]Ich han öi jetz es biischpiil
ggèè, das iir enand au tüend, was iich öi ttaa han. [16]Gott
gseet s esoo, wien iich s öi säge: En sklaav isch doch nie
gröösser weder sin herr, und käin aposchtel gröösser
weder dèè, won en gschickt hät. [17]Wän iir das iigsend,
staat s nöd schlächt um öi, sofèèrn er s tüend. [18]Ich cha
das aber nöd vo allne säge. Ich wäiss es scho no, weli
das i uusgwèèlt han. Es mues no waar wèrde, was i de
bible staat: Dè wo mis broot isst, dèè hät mer de schue
ggèè. [19]Ich säg öi daas scho jetz, bevor s passiert, das iir
s dänn glaubed, wänn s passiert, das Iich s bin. [20]Er
chönd druuf gaa, was iich öi säge: Wèr dèè uufnimmt,
won iich em schicke, dèè nimmt au miich uuf. Und dè,
wo miich uufnimmt, dè nimmt au dèè uuf, wo miich
gschickt hät.»

[21]Wo Jesus daas gsäit hät, hät s en ganz hèèrgnoo. Und
dänn hät er no gsäit: «Es isch scho soo, wien iich s öi
säge: Äine vo öi tuet mi verrate.» [22]Do händ d jünger
enand ganz verlägen aaglueget, wèèr er ächt mäini.
[23]Dèè jünger, wo Jesus psunders gèrn ghaa hät, isch am
nööchschte biin em gsässe. [24]Und dèm hät de Simon
Petrus zuegwunke und zuen em gsäit: «Säg, wèèr hät
er gmäint?» [25]Und de säb hät sin chopf ganz fiin a

d bruscht vo Jesus gläit und gfröögfet: «D U säg, wèèr
isch es?» [26] Do säit Jesus: «Dèm, won ich en mocke
tünklets broot gibe, dèè isch es.» Und dänn nimmt er
en mocke, tünklet en und git en em Judas, em soon
vom Simon Iskariot.

[27] Und won en de Judas gnoo hät, do isch de böösi gäischt
vom verfüerer grad sälber in en gfaare. Jesus säit zuen
em: «Mach glii, was d im sinn häsch!» [28] Käine hät das
verschtande, wo mit em am tisch gsii isch, werum er
daas zuen em gsäit hät. [29] Si händ gmäint, will de Judas
d kasse ghaa hät, heb er zuen em gsäit: Gang chauff,
was mer bruuched zum fäscht, oder er sell den aarmen
öppis gèè. [30] Chuum hät de Judas de mocke ghaa, isch
er sofort use. Es isch scho nacht gsii.

[31] Wo de Judas ggangen isch, säit Jesus: «Jetz isch de nöi
Mäntsch fürechoo i s waari liecht. Jetz cha me Gott gsee
dur en duur. [32] Und wä me Gott gseet dur en duur, dänn
staat er i dèm liecht, wo Gott imm sälber git. [33] I I R, iich
bi nüme lang bin öi. Dänn sueched iir mich. Iir chöned
aber nöd deet ane cho, won iich hiigaa. Daas han i scho
zu den obere gsäit, aber jetzt säg i s au zu öi. [34] Drum
zäig ich öi e nöji spuur zum läbe: enand begläiten i de
liebi. Iich han öi begläitet i de liebi, so söled jetz au iir
enand begläiten i de liebi. [35] A dèm chönd dänn ali gsee,
das iir mini jünger sind, wän iir enand begläited i de
liebe.» [36] Do säit de Simon Petrus zuen em: «D U, wohii
gaasch?» Und Jesus säit: «Deet won ich anegaa, chasch
du nöd mit mer choo, eerscht spööter chunnsch dänn
au.» [37] De Petrus säit zuen em: «D U, wäge waas chan ich

di nöd begläite? Ich gèèb mis läbe ja für diich!» [38] Jesus
hät druuf gsäit: «Dis läbe gèèbtisch du für miich? Iich
säge diir, daa chasch druuf gaa: bevor de güggel gkrèjet
hät, häsch du drüümaal abgschtritte, dass du mich
kännsch.»

Bim abschiid

14 1 «Verschrecked nöd wäg dèm, wo chunnt!
Händ gott-vertroue und händ vertrouen au zu
miir! 2 Im huus vom Vatter hät s gnueg platz, suscht
hett ich doch zu öi nöd gsäit, ich gèng für öi en platz
go voorberäite. 3 Und wän ich ggange bin und öi dè
platz parat gmacht han, dänn chum i wider ume, öi go
hole, das iir au deet sind, won iich bin. 4 Iir käned ja
de wääg deethii.» 5 De Tomas säit zuen em: «DU, mir
wüssed doch nöd, wo du hii gaasch. Wie setted miir
de wääg dänn käne?» 6 Jesus säit zuen em: «Iich bi
de wääg und d waret und au s läbe. Me cha zum Vat-
ter nu mit miir. 7 Wän iir gmèrkt händ, wèr iich bin,
dänn merked iir au, wèr de Vatter isch. Iir käned en ja
schoo, und händ en au scho gsee.» 8 De Philippus säit
zuen em: «DU, zäig öis de Vatter, dänn si mer zfride!»
9 Jesus säit zuen em: «Jetz bin i scho soo lang bin öi, und
imer kännsch mi nonig, Philippus? Wèr miich gsee hät,
dè hät doch au de Vatter gsee. Wie chasch nu frööge:
Zäig öis de Vatter! 10 Glaubsch es dänn nöd, das iich im
Vatter läb und èèr i miir? Was iich öi säge, säg ich nöd
vo miir uus, de Vatter schaffet ales, won ich tue, wil er
imer i mir läbt. 11 Er töörffed mer s scho glaube, das iich
im Vatter läb und èr i miir. Und wänn s öi müe macht,
glaubet s wenigschtens wäg all dèm, won er gsee händ.
12 Er chönd druuf gaa, was iich öi säge: Wèr a mich glaubt,

chan au, was iich ha chöne, – sogaar no mee als daas,
wän ich jetz zrugg gaa zu mim Vatter. 13 Was iir a miner
stell dänn bitted, daas gib ich öi. Und dänn gseend iir
de Vatter durelüüchte dur de Soon. 14 Iich la s la gschee,
was iir dänn bitted i mim name.

15 Wän iir mich wiiter i de liebi tüend begläite, dänn fin-
ded iir di nöji spuur zum läbe. 16 Ich bitte dänn de Vat-
ter, das èr öi en andere begläiter schickt a miner stell,
dè wo für eewig biin öi bliibt: 17 de waret ire Gäischt.
Dèè chan öi d wält nöd gèè. Si gseet en nöd und kännt
en nöd, iir aber käned en. Eèr bliibt bin öi, und èèr
läbt au in öi. 18 Ich laanen öi doch nöd wie wäise zrugg,
iich chume wider zuen i. 19 S gaat nüme lang, bis d wält
mi nüme gseet. Iir aber gseend mi no, wil iich ja läbe
und wil iir au seled läbe. 20 A säbem taag begriiffed iir s
dänn scho, das iich im Vatter läb und iir i miir und iich
in öi. 21 Wèr mini spuur zum läbe gfunde hät und ire
naagaat, dèè isch es, wo mich i der liebi tuet begläite.
Und wèr miich begläitet, dèè isch au begläitet vo mim
Vatter und vo miir, und dèè töörf mich gsee.» 22 Do säit
de Judas – nöd dè vo Iskariot – zuen em: «D U, säg, was
isch dänn passiert, dass du dich öis wotsch zäige, de
wält aber nööd?» 23 Do hät em Jesus gsäit: «Wän öpper
mich i de liebi begläitet, dänn läbt dè nach minere
loogik, und au min Vatter begläitet en dänn i de liebi.
Mir beedi chömed dänn zuen em go wone. 24 Wèr mich
nöd i de liebi begläitet, dè läbt nöd nach minere loo-
gik. Und die loogik, won iir vonere ghöört händ, die
isch nöd vo miir, es isch die vom Vatter, wo mi gschickt
hät. 25 Daas han i öi no wele säge, solang i no biin i bi.

26 Spööter schickt öi dänn de Vatter de Häiligi Gäischt a
minere stell, dè staat öi dänn bii, und dè tuet öi au ales
erchlèère, und dänn chunnt öi ales wider in sinn, won
ich öi gsäit han.

27 Ich laanen öi fride daa. Miin fride söled er haa. Nöd
soo, wien en d wält git, gib ich en öi. Lönd öi nöd ver-
schrecke, verzwiifled nööd! 28 Iir händ s ja ghöört, das
iich zun öi gsäit han: Ich gaanen und dänn chum i wider
zrugg zun öi. Wänn öji liebi zu mir nu chli grösser wèèr,
dänn wüür s öi fröie, das iich zum Vatter gaa, wo so vill
gröösser isch als iich. 29 Ich han öi ales jetz scho gsäit,
bevor s passiert, das iir s dänn glaubed, wänn s pas-
siert. 30 Jetz red i nüme vill mit öi, de regännt vo dère
wält chunnt glii, aber dèè findt nüüt a miir. 31 Und d wält
söll gsee, das iich de Vatter imer tue begläiten i de liebi
und nu mache, was èr sälber gsäit hät. – Soo, stönd uuf,
mer wänd jetz gaa!»

Bim uufbruch

15 1 «Iich bi de richtig räbschtock, und min
Vatter isch de wiipuur. 2 Jedes schoss a miir,
wo käi frucht träit, das schniidt er wèg. Bi jedem aber,
wo frucht träit, da bricht er d blatt-triib uus, das es no
mee furcht träit. 3 Bin öi isch scho useproche woorde
mit dèm woort, won iich öi gsäit han. 4 So läbed jetz vo
miir, dänn läb ich au vo öi! Vo siich uus träit es schoss
käi frucht, wänn s nöd am räbschtock wachst. Genau
so wenig chöned iir s, wän iir nöd vo miir läbed. 5 Iich
bi de räbschtock, iir sind d schoss. Wèr vo miir läbt,
wien ich vo imm, dèè träit vill frucht. Iir richted nüüt
uus ooni miich. 6 Wän öpper nöd vo miir wott läbe,
rüert mer en furt, und er vertooret wien es schoss. Die
list me zäme, rüert s is füür, und dänn verbräned s.
7 Wän iir aber vo mir läbed, und mini loogik in öi bliibt,
dänn chönd er bitte, was er wänd, es gscheet.

8 Vom Vatter lüüchtet dänn di ganzi schönhäit dure, wän
iir frucht trääged und au mini jünger sind. 9 Grad soo
wie mich de Vatter tuet begläite, begläit au iich öi i de
liebi. So bliibed au i miner liebi. 10 Wän iir de nöie spuur
vom läbe naagönd, dänn bliibed iir i miner liebi, grad
soo wien iich de spuur vom Vatter naagaa und i siner
liebi bliibe. 11 Daas han ich öi jetz gsäit, das miini fröid
öi uusfüllt bis ganz z innerscht ie, und das öji fröid voll-

kome seg. [12] Mini spuur zum läbe gseet esoo uus: enand
begläiten i de liebi, grad soo wien ich öi begläitet han.
[13] Es git käi gröösseri liebi weder die, das äine s läbe laat
für sini fründ. [14] Iir sind mini fründ, wän er tüend, was
iich öi ttaa und gsäit han. [15] Iir sind nöd mini diener.
En diener wäiss ja gaar nöd, was sin mäischter macht.
Iir sind doch mini fründ. Und drumm han ich öi ales
gsäit, was ich vom Vatter ghöört han. [16] Nöd iir sind s
gsii, wo miich uusgläse händ, uusgläse han iich öi. Und
iich han öiem läben au en sinn ggèè: Usegaa und frucht
trääge, frucht wo bliibt. Iir chöned dänn de Vatter bitte,
was er wänd a miner stell, èèr wiird s öi gèè. [17] Ich bitten
öi um ä i s, das iir enand begläited i de liebi.

[18] Wän öi d wält nöd mag verliide, so tänked draa, dass
si mich scho lang vor öi au nöd hät möge liide. [19] Wän
iir i dère wält dihäime wèèred, dänn wüür men öi wie
öppis äiges achte. Iir ghööred aber nöd da ane, wil ich
öi usegholt han us de wält, drum mag si öi nöd liide.
[20] Tänked doch a daas, won ich öi gsäit han: En schüeler
isch nöd gröösser als sin mäischter. Händ s miich ver-
folgt, dänn wèèrded s sicher au no öi verfolge. Wänn
s halted, was iich gsäit han, dänn halted s au, was iir
ne säged. [21] Si wèèrded öi vill zläid tue wäge miir, nu
will s dè nöd käned, wo mi gschickt hät. [22] Wän ich nöd
choo wèèr und nöd zue ne gredt het, dänn chönnt me
ne nöd d schuld gèè. Jetz händ s käi uusreed, dass s
mich abgleent händ. [23] Wèr miich nöd liide mag, mag
au de Vatter nöd verliide. [24] Wän ich nöd ttaa het under
ine, was no gaar nie äine ttaa hät, dänn chèènt me ne
nüüt voorhaa. Jetz händ s es aber gsee, und glich bin

iich ene verhasst grad wie min Vatter. 25 S wiird wider
emaal waar, was gschribe staat in irer bible: Si hämm
mi ghasst wäg nüüt und abernüüt. 26 Wänn dänn de
biischtand chunnt, won ich öi schicke laa vom Vatter,
de waret ire Gäischt, wo bin imm dehäimen isch, dèè
staat dänn für miich ii. 27 Und au iir stönd ii für mich,
wil iir vo aafang aa debii gsii sind.

16 1 Ich ha das ales gsäit, das iir öi nöd èrgered
wäge miir. 2 Uusschlüüsse wèrded s öi us ire
synagoge. Es chunnt sogaar sowiit, dass die, won öi
umbringed, mäined, Gott en gfale z tue demit. 3 Si
mached s aber nu, will s gaar nöd gmèrkt händ, wèr
de Vatter isch und wèr iich bin. 4 Ich ha s öi gsäit, das
iir öi draa erinnered, wänn s passiert. Vo aafang aa
het iich öi das nöd gsäit, wil ich no daa gsii bin. 5 Jetz
aber gaan i zrugg zum Vatter, wo mi gschickt hät, und
käine fröögt mi: Wohii gaasch? 6 Iir sind nu truurig,
wil i soo ha müese rede. 7 Uufrichtig gsäit, s isch guet
für öi, das ich jetz gaa. Wän ich nöd gieng, chèm ja de
biischtand nööd. Wän ich aber gaane, schick ich en öi.
8 Wänn dèè dänn chunnt, bringt èr s a s liecht vor aller
wält, was sünd isch und was grächtigkäit, und was im
letschte gricht passiert. 9 Sünd isch, dass s nöd a miich
glaubed – 10 grächtigkäit, das ich zum Vatter gaa und iir
mich nüme gseend – 11 und s gricht, dass de regännt vo
dère wält scho veruurtäilt isch. 12 No mängs het ich öi z
säge, iir wüüred s aber nöd verträäge. 13 Wänn èèr dänn
chunnt, de waret ire Gäischt, dèè zäigt öi dänn de wääg
zur ganze waret. Au èèr wiird nöd vo siich uus rede,
nu was er ghöört hät, und was er wäiss, dass s chunnt,

daas säit er öi. [14] Au èèr laat mich dur ales durelüüchte,
wil èr s vo miir nimmt und öi wiiter git. [15] Ales won em
Vatter ghöört, das isch au miine. Drumm han i gsäit, èr
nèmm s vo miir und gèb s öi wiiter.

[16] S gaat nüme lang, und dänn gseend iir mi nüme. Und
glii drufabe gseend er mi dänn wider.» [17] Do händ e
paar vo de jüngere zun enand gsäit: «Was sell das, won
er zun is säit: S gaat nüme lang, und dänn gseend iir
mi nüme, und glii drufabe gseend er mi dänn wider,
und: Ich gaa zum Vatter zrugg?» [18] Si händ sich gfrööget:
«Was sell das bedüüte: s gaat nüme lang?» Und händ
gsäit: «Miir chömed nöd naa, was er mäint.» [19] Jesus
hät s gmèrkt, dass s en händ wele frööge, und säit zuen
ene: «Iir händ diskutiert mitenand, wil i gsäit han: S
gaat nüme lang, und dänn gseend iir mi nüme, und glii
drufabe gseend er mi dänn wider? [20] Er chönd druuf
gaa, was iich öi säge: Iir wèrded no hüülen und stööne,
aber d wält findet s es fäscht. Iir wèrded öi winden im
schmèrz, aber dè schmèrz wird verwandlet i d fröid. [21] E
frau i de weeè hät schmèrze, wil d geburt loosggangen
isch. Wänn s chind aber gebooren isch, tänkt si scho
nümen an schmèrz, wo si ghaa hät, vor luuter fröid,
das es chind uf d wält cho isch. [22] Und genau soo sind
iir jetz au truurig. Iich gseenen öi aber wider, und dänn
sind er voll fröid, und die fröid chan öi gaar niemer
mee nèè. [23] A säbem taag müend iir mi dänn nüüt mee
frööge. Was iir de Vatter bitted, das git èr öi dänn wäge
miir, ganz sicher. [24] Bis jetzt händ iir no nie um öppis
bittet a minere stell. Aber vo jetz aa chömed er s über,
wän er en bitted. Und dänn isch öji fröid vollkome.

[25] Ich han öi das ales mit gliichnis gsäit. Es chunnt aber
e ziit, won i käi bilder mee bruuche und offen use rede
vom Vatter zun öi. [26] A säbem taag tüend iir en dänn bitten
a minere stell, und iich mues nüme säge, ich gèngi de
Vatter go frööge für öi. [27] Èèr sälber, de Vatter, bégläi-
tet öi dänn i de liebi, wil iir s au mit miir esoo gmacht
händ und glaubt händ, das iich von imm choo bin zun
öi. [28] Ich bi vom Vatter choo i d wält, und jetz verlaan i
si wider und gaane zum Vatter.»

[29] Do händ d jünger gsäit: «Gseesch, jetz redsch ganz
offen use und bruuchsch käi bilder mee. [30] Jetz wüsse
mer s, dass du bis is innerscht iegseesch und nöd
muesch waarte, bis di äine frööget.» [31] Jesus git enen
ume: «Jetz glaubed er s? [32] Jetz passed uuf! S chunnt no
soo wiit, das iir all verstüübed, jede für siich, und miich
lönd er eläi. Iich bin aber nöd eläi, wil de Vatter bii mer
isch. [33] Ich han öi das gsäit, das er de fride mit mir nöd
verlüüred. Me chunnt i d ängscht i dere wält. Verzwiif-
led nöd! Iich bin ere mäischter woorde.»

S letscht gebätt

17 [1]Nach all dèm hät Jesus zum himel ue glueget
und hät gsäit:
«V a t t e r, jetz isch es sowiit –
Mach jetz din Soon ganz transparänt für diich,
dass duu im waare liecht erschiinsch vor allne –
2 Duu häsch em d vollmacht über ales,
wo mues stèèrbe, ggèè,
das er allne, wo d em gèè häsch, eewigs läbe bringi –
3 Daas isch s eewig läbe, dass si mèrked,
dass duu der äinzig waari Gott bisch,
und dass dè Jesus, wo du gschickt häsch,
de Chrischtus isch –
4 Ich ha dich transparänt gmacht uf der èèrde
mit mim läbe,
ich ha das, wo d mer uufträit häsch, voländet.
5 V a t t e r, nimm mi jetz zu diir a diini siite
i d herrlichkäit, won ich bi diir scho ghaa han
lang bevor d wält woorden isch –
6 Ich ha dini nööchi dènen uufdeckt,
wo d mer ggèè häsch vo de wält.
Diine ghööred s und duu sälber häsch mer s ggèè,
und si händ sich iigglaa uf dis woort.
7 Jetz händ s begriffe, das alls vo diir chunnt,
wo d mer gèè häsch. –
8 Ich ha ne ales gsäit, wo duu mer gsäit häsch,

und si händ s aagnoo und begriffe,
das ich vo diir choo bin,
und gglaubt, dass duu mi gschickt häsch. –
9 Ich bitte dich für sii und nöd für d wält,
für die, wo duu mer aavertrout häsch, si sind diine.
10 Alls, wo miinen isch, ghöört diine,
und was diinen isch, ghöört miine. –
11 Iich bi scho nümen i de wält, sii schoo,
und ich chume jetz zu diir.
So behüet si duu i diner nööchi, V a t t e r,
die wo d mer ggèè häsch,
dass si ä i s sind grad wie miir. –
12 Solang ich under ine gsii bin,
han iich s i diner nööchi phalte.
Ich ha ne soorg ghaa, und e käine hät sich verloffe
ussert dèm, wo ghulffe hät erfüle, was i de bible staat.
13 Jetz gaan i furt zu diir, und säge daas no i de wält,
das mini ganzi fröid in ine bliibt. –
14 Ich ha ne diini loogik praacht,
drumm sind s der wält esoo verhasst.
Si lönd jetz nümen über sich verfüege,
so wenig wien iich über mich verfüege laa. –
15 Ich bitte nöd, dass du si wèggnèmsch vo de wält,
nu dass du sii behüetisch vor em bööse.
16 I dère wält hät niemer mee es rächt uf sii,
so wenig öpper äis uf miich hät. –
17 Lass d waret für sii häilig sii.
Diis woort isch d waret.
18 Soo wie du miich i d wält gschickt häsch,
soo schick ich jetz au sii.
19 Ich ha mich für sii hiiggèè bis zum letschte,

das au sii sich hiigèè chönd für d waret. –
[20] Ich bitte nöd für sii eläi,
ich bitten au für die, won a miich glaubed
uf ires woort,
[21] das ali äis sind, Vatter,
soo wie duu i miir und iich i diir,
das au sii esoo in öis sind.
Dänn glaubt me ne s, dass duu mi gschickt häsch. –
[22] Ich han ene vo dère hèrrlichkäit,
wo du mer gèè häsch, praacht,
dass s äis sind grad wie miir,
[23] iich in ine und duu i miir.
Dänn sind s vollkomen äis.
Me mèrkt dänn i de wält, dass duu mi gschickt häsch,
und dass du sii begläitet häsch i diner liebi,
soo wie du miich begläitet häsch. –
[24] Vatter, ich wett,
dass die, wo du mer ggèè häsch,
au daa sind, won iich bin,
dass s mini herrlichkäit au gseend,
wo duu mer ggèè häsch
i diner liebi, lang bevor d wält woorden isch. –
[25] Vatter, duu bisch de waari vatter.
D wält kännt dich nööd, iich käne diich,
und die händ au begriffe, dass duu mi gschickt häsch.
[26] Ich ha ne d tüüre wiit uuftaa zu diiner nööchi
und tuene si no wiiter uuf,
dass d liebi, wo du häsch zu miir,
in ine bliibt und iich in ine. –»

Am änd

18 1 Esoo hät Jesus pättet, und dänn isch er mit
de jüngere zur stadt uus uf di ander siite vom
Kidron-bach, wo s en gaarte ghaa hät. I dèè isch er mit
ene ieggange. 2 Au de Judas, sin verrèter, hät dè oort
gkännt, wil Jesus gèrn deet anen isch mit sine jüngere.
3 Er hät römischi soldaaten übernoo und tämpelwäch-
ter vo den oberprieschter und de pharisèer und isch
mit ene deet anechoo mit fackle, latèrne und waffe.
4 Jesus hät ales gwüsst, won uf en zuechunnt, drum
isch er dènen entgäge ggange und hät zuen ene gsäit:
«Wèr sueched er?» 5 Si händ em umeggèè: «Jesus, de
Nazorèer.» Eèr säit zuen ene: «I i c h b i s!» Au de
Judas, sin verrèter, isch debii gstande. 6 Won er zuen
ene gsäit hät: I i c h b i s, sind s grad e paar schritt hin-
derzi und gstüürchlet. 7 Do hät er si nomaal gfrööget:
«Wèr sueched er?» Und wider händ s gsäit: «Jesus, de
Nazorèer.» 8 Do säit Jesus zuen ene: «Ich ha s öi ja scho
gsäit, das iich s bin. Wän er miich wänd, so lönd die la
gaa!» 9 Jetz hät er s verschprächen iiglööst, won er ggèè
hät säbmaal, won er gsäit hät: Käine han i verloore vo
dène, wo duu mer ggèè häsch. 10 De Simon Petrus hät
es schwert bii sich ghaa. Das hät er usezogen und de
wächter vom oberschte prieschter präicht und em grad
s rächt oor abghaue. Dèè hät Malchus ghäisse. 11 Do hät
Jesus zum Petrus gsäit: «Steck das schwert i d schäide

zrugg! Oder sel ich dänn de bächer nöd uustrinke, wo
mir de Vatter ggèè hät?» 12 Do händ d soldaaten und der
offizier und d tämpelwächter Jesus phackt und gfesslet
13 und dänn abgfüert, zeerscht zum Hannas. Dèè isch
nämli em oberschte prieschter vo dèm jaar, em Kaja-
fas, sin schwigervatter gsii. 14 Und de Kajafas isch dè
gsii, wo den obere graate hät, es seg besser, wän ä i n e
für ali stèèrbi.

15 De Simon Petrus und en andere jünger sind Jesus vo
wiitem hindenaagloffe. De säb jünger isch nämli en
bekannte gsii vom hööchschte prieschter, und drumm
hät er mit Jesus zäme in hoof vom palascht ie chöne,
16 aber de Petrus isch dusse vor em toor staa plibe.
Der ander jünger, won en bekannte vom hööchschte
prieschter gsii isch, isch denn wider usechoo, hät mit
em pförtner gredt und de Petrus iegnoo. 17 Do rüefft
em s dienschtmäitli vom pförtner naa: «Hee, bisch jetz
nöd au duu äine vo de jüngere vo säbem mäntsch?»
18 Dèè git eren ume: «Ja wohèèr!» Im hoof sind sklaaven
umegschtande, und d tämpelwächter händ es cholefüür
aazündt, wil s chalt gsii isch, und händ sich gwèèrmt
draa. Au de Petrus isch mit ene drumume gstande und
hät sich gwèèrmt.

19 Underdesse hät de hööchschti prieschter Jesus uus-
gfrööget über d jünger und über daas, won er si gleert
heb. 20 Do hät em Jesus zur antwort ggèè: «Ich han imer
frei und offe gredt vor aller wält. I de synagooge han i
gleert, s land uuf und aab, und au im tämpel, wo ali Jude
zämechömed. Verschteckt und hindenume han i nüüt

verzellt. 21 Was fröögsch mi überhaupt? Fröög die, wo s
ghöört händ, was i gsäit han, die wüssed s schoo!» 22 Wo
Jesus daas gsäit hät, git em äine vo de tämpelwächter,
wo näbet em gstanden isch, en oorfiig und säit: «Waas,
soo gisch du em höchschte prieschter ume?» 23 Jesus
hät zuen em gsäit: «Wän i gloge han, bewiis mer, das
es glogen isch! Wän i aber d waret gsäit han, werum
hausch mer äis?» 24 Uf daas abe hät en de Hannas gfess-
let zum Kajafas gschickt.

25 De Simon Petrus isch imer no deet gstanden und hät
sich gwèèrmt. Do säit äine zuen em: «Bisch jetz nöd au
duu äine vo sine jüngere?» De Petrus hät s abgschtrit-
ten und gsäit: «Ja wohèèr!» 26 Under de tämpelwächter
isch äinen en verwandte gsii vo dèm, won em de Pet-
rus s oor abghaue hät. Dè säit: «Han ich dich jetz nöd
gsee mit em? Im gaarte?» 27 De Petrus hät s wider ab-
gschtritte, und doo hät grad de güggel gkrèjet.

28 Si händ dänn Jesus vom Kajafas i d burg vom landvogt
abgfüert. Es hät grad aagfange dämmere. Aber die,
won en praacht händ, sind sälber nöd i d burg ie, dass
s nöd unräin wüürded und s passa chönid ässe. 29 Drum
isch de Pilatus zuen enen use und hät si gfrööget: «Was
händ er für e chlaag voorzbringe gäg dè mäntsch?» 30 Do
händ s grüefft: «Wän er kän verbrächer wèèr, dänn hette
mer en dir nöd praacht!» 31 Do säit de Pilatus zuen ene:
«Dänn nämed iir en doch zu öi, und richted en nach
öiem gsetz!» Do händ di obere gsäit: «Miir töörffed
niemer zum tood veruurtäile.» 32 Jetz isch wider waar
woorde, was Jesus gsäit hät, won er aatüütet hät, wien

er mües stèèrbe. 33 De Pilatus isch wider i d burg ie und
hät Jesus la rüeffe und hät zuen em gsäit: «Säg, bisch
duu de könig vo de Jude?» 34 Jesus hät zuen em gsäit:
«Isch das diini mäinig, oder säisch das nu, wil s der
anderi vo mir gsäit händ?» 35 De Pilatus git ume: «Iich
bi doch kän Juud! Dis volch und di hööchschte priesch-
ter händ dich miir uusgliferet. Jetz säg, was häsch ver-
broche?» 36 Jesus hät gsäit: «Miis königriich isch nöd vo
dère wält. Wèèr s vo dère wält, dänn hetted mini lüüt
sich gweert für miich und mich nöd la verhafte vo de
Jude. Miis königriich isch nöd vo daa.» 37 Do hät de Pila-
tus zuen em gsäit: «Dänn bisch also doch en könig?»
Jesus säit: «Du säisch es, das ich en könig bin. Zu dèm
bin ich gebooren und i d wält choo, das ich für d waret
hère-staa. Wèr i de waret läbt, dèè lost uf mini stimm.»
38 Do säit de Pilatus zuen em: «Was häisst scho waret!»
Und dänn isch er wider use zu de Jude und hät zuen
ene gsäit: «Iich finde nüüt, wo dèè schuldig miech. 39 Es
isch aber de bruuch, das ich öi äine zum passafäscht
freilaa. Sel ich öi de judekönig freilaa?» 40 Do händ s
luut gkrèjet: «Nääi, nöd dèè – de Barabbas!» De Barab-
bas isch en röiber gsii.

19 1 Und dänn hät de Pilatus Jesus gnoo und hät
en la uuspäitsche. 2 Nachèr händ d soldaate us
dorne-zwiig e chroone gflochte und händ em si uf de
chopf truckt und em no en purpur-roote mantel ume-
ghänkt. 3 Und dänn sind s vor en ane gstande und händ
gsäit: «Hoi judekönig!» und händ em oorfiigen uustäilt.
4 Do isch de Pilatus wider usechoo und hät zuen ene
gsäit: «Daa lueged, ich füer en öi jetz wider voor, das

er gseend, das iich e käi schuld an em finde!» 5 Do isch
Jesus usechoo samt de dornechroone und em purpur-
mantel. Und de Pilatus säit zuen ene: «Daa lueged nu,
was für en mäntsch!» 6 Won en d oberprieschter und
tämpelwächter gsee händ, händ s gkrèjet: «Chrüüzige!
Chrüüzige!» De Pilatus säit zuen ene: «Daa, nämed iir
en! Tüend iir en chrüüzige! Iich finde käis verbrächen
an em!» 7 Do händ s zrugg-grüefft: «Miir händ dänk au
es gsetz, und nach dèm mues er stèèrbe, wil er sich
zum Soon vo Gott gmacht hät!» 8 Wo de Pilatus dè satz
ghöört hät, isch s em no unhäimlicher woorde. 9 Er
isch wider i d burg ie und hät zu Jesus gsäit: «Wohèèr
chunnsch äigetli?» Aber Jesus hät em käi antwort ggèè:
10 Do säit de Pilatus zuen em: «Wass, du säisch nüüt
mee zue mer? Wäisch du dänn nöd, das iich dè bin,
wo d macht hät, dich freizlaa, und d macht, dich a s
chrüüz z schlaa?» 11 Jesus hät zuen em gsäit: «Du het-
tisch käi macht über miich, wänn si der nöd vo obe hèr
ggèè woorde wèèr. Drum isch dèè no vill mee gschuld
als duu, wo mich uusgliferet hät a diich.» 12 Uf daas abe
hät en de Pilatus erscht rächt probiert frei-zlaa. Aber
d Jude händ prüelet: «Wänn du dèè freilaasch, bisch
käin fründ vom käiser! Wèr sich zum könig macht, isch
doch en find vom käiser!» 13 Wo de Pilatus die loogik
ghöört hät, do hät er Jesus la usefüere und hät sich am
Stäipflaschterplatz uf de richterstuel gsetzt. Dè platz
häisst uf hebrèisch «Gabbata». 14 Das isch am rüscht-
taag vor em passa-fäscht passiert, öppen um di zwölfi.
Und dänn hät de Pilatus zu de Jude gsäit: «Daa lueged,
daas isch en, öie könig!» 15 Aber die händ gkrèjet: «Furt
mit dèmm! Chrüüzige!» Do hät de Pilatus gsäit: «Waas,

ich sel öie könig chrüüzige?» Do händ d oberprieschter
gsäit: «Miir händ käin andere könig ussert em käiser!»
16 Uf daas abe hät en de Pilatus irem wilen überlaa, dass
en chönid chrüüzige.

17 Und dänn händ s Jesus gnoo und en abgfüert. Er hät
sis chrüüz sälber müese trääge bis an Schädelplatz
use. Dè häisst uf hebrèisch «Golgota». 18 Deet händ s en
gkrüüziget, und no zwee anderi mit em, uf jedere sii-
ten äine und Jesus zmittst ine. 19 De Pilatus hät e tafle
schriibe laa und hät si dänn a s chrüüz la anemache.
Deet druuff isch gstande: JESUS * NAZORÈER *
JUDEKÖNIG. 20 Die tafle händ vill lüüt gsee und
gläse. Dè oort, wo s Jesus gkrüüziget händ, isch nämli
ganz nööch bi de stadt gsii, und si isch uf hebrèisch,
uf latiinisch und uf griechisch gschribe gsii. 21 Do händ
d oberprieschter zum Pilatus gsäit: «Schriib nöd: Jude-
könig! Schriib, er heb gsäit, er seg de judekönig.»
22 Aber de Pilatus hät gsäit: «Gschriben isch gschribe.»
23 D soldaate, wo n en a s chrüüz genagelt händ, händ
dänn sini chläider gnoo und vier täil druus gmacht, für
jede soldaat äine. Au d tuunika händ s gnoo. Die hät
aber e käi naat ghaa, wil si vo obe bis unde us äim
stuck gwobe gsii isch. 24 Do händ s zun enand gsäit:
«Die täile mer nööd, mer löösled, wèr si überchunnt.»
Esoo isch es waar woorde, was i de bible staat: «Si händ
mini chläider vertäilt under enand und händ glööslet
um d tuunika.» Genau esoo händ s d soldaate gmacht.

25 Bim chrüüz zue vo Jesus isch sini mueter gstande
und iri schwöschter Mirjam, d frau vom Kleopas, und

d Maria vo Magdala. 26 Wo Jesus sini mueter gsee hät
und näbed ire dè jünger, won er psunders gèèrn ghaa
hät, do säit er zu de mueter: «Lueg da frau, das isch
jetz din soon», 27 und zum jünger: «Das isch jetz dini
mueter.» Vo doo aa hät si de jünger zu siich gnoo. 28 Wo
Jesus gspüürt hät, das jetz ales erfüllt isch und dass s
em änd zue gaat, säit er: «Ich ha tuurscht.» Au daas isch
i de bible gstande und jetz waar worde. 29 I de nööchi
isch en chrueg mit essig gstande. Si händ en schwamm
drinn tünklet und en uf en ysoop-stängel gsteckt und
em dèè a d lippen ane ghebt. 30 Wo Jesus dänn vom
essig trunke hät, hät er gsäit: «Jetz isch es übersch-
tande», hät de chopf la sinke und de gäischt uufggèè.
31 Wil s aber rüscht-taag gsii isch, und wil men am e sab-
bat käi liich hät töörffe am e chrüüz hange laa – und de
säb sabbat isch no en ganz en groosse gsii – do händ
di obere bim Pilatus s begèère gstellt, me sel ene d bäi
verschlaa und si la verschwinde vo det obe. 32 Do sind
d soldaate choo und händ em äinte, wo mit em gkrüü-
ziget woorden isch, d bäi verschlage, und dänn em
andere. 33 Wo s zu Jesus choo sind und gsee händ, das
er scho gstoorben isch, händ s em d bäi nöd verschlage.
34 Äine vo de soldaate hät em nu mit em spiess siitligen
iegschtoche, und sofort isch bluet und wasser usechoo.
35 Dè wo s gsee hät, cha s bezüüge, und s isch waar, was
er bezüügt. Er wäiss genau, das waar isch, was er säit,
drum töörffed iir em s glaube. 36 Es isch ales genau esoo
passiert, wie s i de bible staat: Käin chnoche sel em
proche wèrde, 37 und: Sie wèrded zu dèm ue luege, wo s
verschtoche händ. 38 Nachèr isch de Josef vo Arimatèa
zum Pilatus ggange. Dè Josef isch au en jünger gsii vo

Jesus, aber nu häimli us angscht vor den obere. Er hät
de Pilatus gfrööget, öb er d liich vo Jesus nöd töörff
abe nee. Und de Pilatus hät em s erlaubt, und èr isch
ggangen und hät si abe gnoo. [39] Au de Nikodemus isch
choo, dè wo säbmaal z nacht zu Jesus choo isch. Eèr hät
e mischig vo myrre und aloee mitpraacht, e schwèèri
amfoora voll. [40] Do händ s d liich vo Jesus mit liinige
binden iigwicklet, zäme mit dèm chrüüterbalsam, wo
fäin gschmöckt hät. Esoo isch es de bruuch gsii bi de
Jude, wä mer öpper beèrdiget hät. [41] I de nööchi vo deet,
wo me Jesus gkrüüziget hät, isch en gaarte gsii mit em
e nöie graab, wo no nie öpper drii gläit worden isch.
[42] Deet drii händ s Jesus gläit, wil s rüschttaag gsii isch
und wil s graab grad i de nööchi gsii isch.

Am nöiaafang

20 [1]Am eerschte taag nach em sabbat, wo s aa-
gfange hät dämmere, isch d Maria vo Magdala
a s graab choo und gseet, dass de stäi vom graab ewègg
isch. [2]Do isch si devoo-grännt zum Simon Petrus und zu
dèm jünger, wo Jesus psunders gern ghaa hät, und säit
zuen ene: «Si händ I N N us em graab gnoo, und mer
wüssed nöd, wo s en hiittaa händ!» [3]Do sind de Petrus
und der ander jünger sofort zum graab use. [4]Beed sind
grännt, aber der ander jünger isch schnäller gsii weder
de Petrus und isch z eerscht a s graab choo. [5]Er hät sich
puckt und ieglueget und hät d liinebinde gsee daaligge.
Er isch aber nöd ie. [6]Und dänn isch au de Simon Petrus
choo und isch grad is graab ie und gseet d liinebinde
daaligge [7]und s schwäiss-tuech, wo über em chopf
vo Jesus gsii isch. Daas isch aber nöd näbet de liine-
binde gläge, es isch trennt devoo am en anderen oort
zämegläit gsii. [8]Und dänn isch au der ander jünger, wo
zeerscht daa gsii isch, ieggange und hät s gsee und hät
s glaubt. [9]Si händ aber d bible nonig begriffe, wo säit,
er müesi vo de tooten uuferschtaa. [10]Und dänn sind d
jünger wider häi.

[11]Nu d Maria isch no dusse vor em graab gstanden und
hät priegget. Und wo si eso briegget und a s graab ane-
lèènet, [12]gseet si uf äimaal zwee ängel i wiise chläider

deet sitze, der äint a de chopfete, der ander a de fues-
sete, deet wo d liich vo Jesus glägen isch. 13 Do händ die
beede zuen ere gsäit: «Was brieggisch, frau?» Sii säit
zuen ene: «I N N händ s mer ewègg gnoo, und ich wäiss
nöd, wo s en hiigläit händ.» 14 Wie si das eso säit, hät si
sich umgkeert und gseet Jesus daaschtaa. Aber si hät s
nöd gmèrkt, das èèr s sälber isch. 15 Jesus säit zuen ere:
«Was brieggisch, frau?» Si isch de mäinig gsii, es seg de
gèèrtner, und säit zuen em: «D U, wän en duu ewègg
träit häsch, dänn säg mer, wo d en hiitaa häsch, ich
gaan en dänn go hole.» 16 Jesus säit zuen ere: «Maria».
Do cheert si sich grad um und säit: «Rabbuni!» (das
häisst übersetzt mäischter). 17 Jesus säit zuen ere: «Lang
mi nöd aa, ich bi ja nonig zum Vatter zrugg! Gang aber
jetz zu mine brüedere und säg ene, ich gèng zu miim Vat-
ter und zu öiem Vatter, zu miim Gott und zu öiem Gott.»
18 D Maria vo Magdala gaat grad und meldet s de jüngere,
dass si I N N gsee heb und das er das zuen ere gsäit heb.

19 Wo s dänn aabig woorden isch a dèm eerschte taag nach
em sabbat, und d tüüre verriglet gsii sind deet, wo d jünger
bin enand gsii sind, – esoo händ s angscht ghaa vor den
obere – do isch Jesus choo und zmittst under si gstande
und hät gsäit: «Jetz isch fride!» 20 Und won er das gsäit hät,
hät er ine sini händ und sini siite zäiget. 21 Do sind s froo
woorde, wil s I N N wider gsee händ. 21 Do hät er nomaal
gsäit: «Jetz isch fride! Grad soo, wie miich de Vatter
gschickt hät, schick ich öi!» 22 Und wäretdèm er das gsäit
hät, hät er si aaghuuchet und gsäit: daa nämed de Häilig
Gäischt! 23 Dène, won er d sünde vergänd, sind s vergèè,
und dène, won er si phalted, die phalted er drin gfange.»

[24] De Tomas, äine vo de zwölf, isch nöd debii gsii, wo
Jesus choo isch. [25] Di andere jünger händ em s gsäit:
«Duu, mer händ I N N gsee!» Aber de Tomas hät gsäit:
«Wän iich a sine händ nöd s loch vo de negel gsee und
s nöd cha aalange, und wän iich mini hand nöd töörff
uf sini siitewunde legge, so glaub i s nie.» [26] Acht taag
spööter sind sini jünger wider binenand gsii deet,
dèèmaal au de Tomas. Do isch Jesus dur di verriglete
türe durechoo und zmittst under si gstande und hät
gsäit: «Jetz isch fride!» [27] Und dänn hät er zum Tomas
gsäit: «Chumm, heb de finger da ane! Lueg da mini
händ! Chumm mit der hand da ane und leg si miir uf
d siite! Und weer di jetz nöd lenger s z glaube.» [28] Do
säit de Tomas zuen em: «Mäin Gott – D U bisch es ja!»
[29] Jesus säit zuen em: «Wil d mi gsee häsch, glaubsch
es? Die sind no glücklicher, wo s glaubed, ooni s gsee
z haa.»

[30] No vill anderi zäiche hät Jesus ttaa vor sine jüngere,
die sind nöd uufgschriben i dèm buech. [31] Aber die
daa sind uufgschribe, das iir s glaubed, das Jesus de
Chrischtus isch, de Soon vo Gott, und das iir im ver-
troue daa druuf s läbe finded i siinere nööchi.

Am anderen uufer

21 1 Spööter hät sich Jesus nomaal sine jüngere am
Tiberias-see zäiget. 2 Das isch esoo ggange: De
Simon Petrus, de Tomas, de Natanael vo Kana, di beede
söön vom Zebedèus, und no zwee anderi jünger sind
binenand gsii. 3 Do säit de Simon Petrus zuen ene: «Iich
gaa go fische!» Sii säged: «Miir chömed au!» und sind
an see abe und i s boot gstige. Aber di säb nacht händ s
gaar nüüt gfange. 4 Wo s taaget hät, isch Jesus am uufer
gstande, aber d jünger händ s nöd gmèrkt, dass s Jesus
isch. 5 Do säit Jesus zuen ene: «Hee IIR, händ er nüüt
uf s broot?» Si händ zrugg grüefft: «Ebe nööd!» 6 Do säit
èr zuen ene: «Leged s netz uf de rächte siite vom boot
uus, dänn fanged er scho öppis!» Si händ s uusgläit,
und vor luuter fisch händ s es schier nüme mögen use-
zie. 7 Do säit dè jünger, wo Jesus psunders gèèrn ghaa
hät, zum Petrus: «Èr isch es!» Wo de Simon Petrus
ghöört hät, das Èr s isch, hät er sini tuunika aagläit –
er isch drum blutt gsii – und isch i s wasser ggumpet.
8 Di andere jünger sind mit em boot hindedrii choo. Si
sind nämli nöd wiit ewègg vom land gsii, nu öppe hun-
dert meeter. Und s netz mit de fisch händ s hindenaa
zoge. 9 Wo s uusgschtige sind am land, händ s es chole-
füür am bode gsee und druff en fisch und broot. 10 Jesus
säit zuen ene: «Jetz bringed vo de fisch, won er gfange
händ!» 11 Do isch de Simon Petrus uf s boot und hät s

netz hèrezoge: hundertdreiefüfzg groossi fisch sind
s gsii, und s netz hät nödemaal glaa. 12 Jesus säit zuen
ene: «So chömed, mer wänd ässe!» Käine vo de jüngere
het sich getrout en z frööge: Wèr bisch? Si händ ja scho
gwüsst, das È è r s isch. 13 Jetz isch Jesus anechoo und
hät s broot gnoo und hät en es vertäilt, und nachèr au
de fisch. 14 Daas isch scho s drittmaal gsii, wo Jesus sich
de jüngere zäiget hät, sid er uuferschtanden isch.

15 Wo s dann fèrtig ggässe händ, säit Jesus zum Simon
Petrus: «Simon, soon vom Johannes, häsch mi lieber
weder die daa?» Eèr säit zuen em: «D U, jaa, du wäisch
es doch, das iich di gèèrn ha.» Jesus säit zuen em: «Dänn
hüet mer miini chliinschte!» 16 Nomaal säit er zuen em:
«Simon, soon vom Johannes, häsch mi wüürkli gèèrn?»
Und èr säit em: «He jaa, D U, du wäisch es doch, das ich
di gèèrn ha.» Do säit er zuen em: «Dänn hüet mer miini
hèèrde!» 17 Zum drittemaal säit Jesus zuen em: «Simon,
soon vom Johannes, häsch mi gèèrn?» Do isch de Pet-
rus truurig woorde, wil er scho s drittmaal gfrööget
hät: Häsch mi gèèrn? und säit zuen em: «Ach D U, du
wäisch ja ales vo mer und gspüürsch doch, wie gèèrn i
dich han.» Jesus säit zuen em: «Dänn hüet mer miini
hèèrde! 18 Chasch druuf gaa, was iich der säge: Früener
häsch duu gsäit wodure, und bisch au ggange, wo d
häsch wele. Spööter laasch der vom en andere säge
wodure, und èèr füert di dänn deet ane, wo s dir nöd
passt.» 19 Das hät er gsäit zum aadüüte, wien èr emaal
Gott dureschiine lès dur sis stèèrbe. Und dänn säit er
no: «So, chumm jetz mit mer!»

20 Wo de Petrus zrugg-lueget, gseet er, wie dè jünger,
wo Jesus psunders gèèrn ghaa hät, hindenaa laufft. Es
isch de säb gsii, wo bim letschte maal de chopf fiin uf
d bruscht vo Jesus gläit und gfröögет hät: «D U säg, wèr
isch es, wo di verraatet?» 21 Ebe dèè hät de Petrus gsee
hindedrii choo und säit zu Jesus: «D U, und dänn dèè?»
22 Jesus säit zuen em: «Wän ich wott, das er bii mer bliibt
bis i zrugg-chume, was gaat s diich aa? Chumm duu jetz
mit mer!» 23 Wäge dèm händ s under de brüedere ume-
potte, de säb jünger stèèrbi nööd. Aber Jesus hät nöd
gsäit, er stèèrbi nööd, er hät nu gsäit: Wän ich wott, das
er bii mer bliibt, bis i zrugg-chume, was gaat s diich aa?
24 Dèè jünger isch es, wo daas ales hät chöne bezüüge,
und mir wüssed, dass sis zügnis waar isch. 25 Es git aber
no en huuffen anders, wo Jesus ttaa hät. Wä me s de
räie naa wett uufschriibe, wüür s glaub i soo vill büe-
cher voll gèè, dass di ganz wält nöd gnueg platz hett
defüür.